APRENDE A **CONSTRUIR TU PROPIO UNIVERSO, A PERSONALIZAR TU JUEGO** Y MUCHO MÁS.

ROBLOX
EL LIBRO DEFINITIVO

GUÍA EXTRAOFICIAL

DAVID JAGNEAUX

Traducción de Beatriz García Alcalde

Rocaeditorial

Este libro está dedicado a todos los que aspiran a ser diseñadores de videojuegos y a los jugones que quieren ver sus sueños más extravagantes hechos realidad. Espero que os inspire y os dé las herramientas necesarias para dar vida a vuestras ideas.

Se lo dedico también a mi mujer, a mi madre, al resto de la familia y a mis amigos, por apoyarme y animarme a luchar por ganarme la vida escribiendo sobre videojuegos.

Título original inglés: *The Ultimate Roblox Book: An Unofficial Guide*
© 2018, Simon & Schuster, Inc.
Publicado en acuerdo con Adams Media, un sello de Simon & Schuster, Inc, 1230 Avenue of the Americas, Nueva York, NY 10020, EE.UU.

Primera edición: enero de 2019

© de la traducción: 2019, Beatriz García Alcalde
© de esta edición: 2019, Roca Editorial de libros, S.L.
Marquès de l'Argentera, 17. Pral. 1.ª
08003 Barcelona.
correo@rocaeditorial.com
www.rocaeditorial.com

ISBN: 978-84-17541-36-1
Depósito legal: B26931-2018
Código IBIC: YNVU
Código producto: RE41361

Imprime: Egedsa

ÍNDICE

INTRODUCCIÓN

¿Alguna vez te has puesto a jugar a un videojuego y has pensado que te gustaría cambiar alguna cosa? ¿Les darías, por ejemplo, poderes a los personajes, cambiarías el tipo de mundo del juego o añadirías otro nivel? ¿Has empezado alguna vez a construir una torre de Lego enorme y te has quedado sin ladrillos antes de terminar? ¡Si has contestado que sí, te va a encantar jugar a Roblox! Roblox te permite diseñar el tipo de videojuego o mundo digital que te apetezca, para no tener que jugar solo a los juegos que desarrollan las grandes empresas.

En Roblox puedes registrarte y disfrutar con tus amigos en cualquiera de los miles de mundos que encontrarás. Algunos juegos son para pasar el rato, varios te proponen un objetivo y la gracia de otros está en construir ciudades o mundos.

Lo mejor de Roblox es que te da la posibilidad de crear cualquier juego que se te ocurra. Podrás, por ejemplo:

- Diseñar tu propia isla para relajarte, con una mansión en la que no falte nada de lo que te gusta, e invitar a tus amigos a una fiesta virtual.
- Provocar un apocalipsis zombi en el que tus amigos y tú tendréis que enfrentaros a esos monstruos asesinos.
- Crear un juego absurdo sobre recoger gominolas y piruletas en un país lleno de chucherías gigantes.

Con este libro, aprenderás paso a paso a crear juegos impresionantes que os encantarán a tus amigos y a ti. Aquí encontrarás:

- **El contenido de la página web de Roblox:** para utilizar la página en sí y jugar a las creaciones de otros.
- **Instrucciones para utilizar Roblox Studio:** el programa con el que crearás tus propios juegos.
- **Consejos para crear mundos increíbles:** para preparar el terreno y entornos muy grandes.
- **Objetos divertidos y personajes que puedes añadir a tus mundos:** edificios, coches, armas, enemigos y ¡todo aquello que quieras incluir en el juego!
- **Instrucciones para utilizar scripts:** la forma de que tu mundo cobre vida.
- **Las características de una buena misión o aventura:** un objetivo servirá para que el juego tenga un argumento interesante.
- **Ideas para que tu juego sea divertido para múltiples jugadores:** poner una tabla de clasificación, colaborar con otro jugador o aliarte contra él y jugar contrarreloj.
- **Formas de ganar dinero en Roblox:** si dan el visto bueno, ¡podrás ganar dinero con tus juegos!

Seguro que ya se te han ocurrido un millón de ideas para crear juegos geniales. ¡Vamos allá!

ROBLOX CAMBIA SIN PARAR

EN ESTE LIBRO, ENCONTRARÁS MUCHA INFORMACIÓN SOBRE ROBLOX, PERO NO APARECEN TODOS Y CADA UNO DE LOS DETALLES DEL JUEGO. COMO CUALQUIER DESARROLLADOR QUE SE PRECIE, LOS CREADORES DE ROBLOX AÑADEN CONSTANTEMENTE NUEVAS OPCIONES Y FORMAS DE JUGAR, ASÍ QUE ES IMPOSIBLE INCLUIRLO TODO EN UN ÚNICO LIBRO. SIN EMBARGO, ES UN BUEN PUNTO DE PARTIDA.

TAMPOCO VAS A ENCONTRAR ESTRATEGIAS PARA GANAR DINERO RÁPIDO (ROBUX) NI PARA HACERTE RICO CREANDO Y VENDIENDO COSAS EN ROBLOX. CON INDEPENDENCIA DE LO QUE HAYAS LEÍDO EN INTERNET, EN ROBLOX SOLO SE PUEDE GANAR DINERO CON MUCHO TRABAJO, CREATIVIDAD Y DEDICACIÓN. NO HAY MÁS.

Usuario de Roblox : Defaultio
JUEGO DE ROBLOX TITULADO LUMBER TYCOON 2.

PARTE
1

NOCIONES
BÁSICAS

7

CAPÍTULO 1

ROBLOX PARA PRINCIPIANTES

¿Utilizas Lego para construir edificios complejos, vehículos u otros objetos increíbles? ¿O te gusta más Lincoln Logs? Si este tipo de juguetes de construcciones te parecen divertidos, ya entiendes la esencia de Roblox. Imagínate eso mismo en formato digital. Roblox está en tu ordenador y se puede personalizar. Además, puedes jugar a los juegos de Roblox con gente de todo el mundo. La plataforma en sí se podría definir más como un punto de encuentro que como un juego, ya que los jugadores pueden acceder a miles de juegos que han creado otros usuarios, que también están jugando, hablar con ellos y compartir tus experiencias con los amigos.

Roblox apareció en 2006. Desde entonces, no ha dejado de crecer y hoy cuenta con más de treinta millones de jugadores activos al mes, que han jugado más de 300 millones de horas y con más de 500.000 usuarios que generan contenido para otros jugadores.

Usuario de Roblox : City Horizons Fan Club
IMAGEN DEL JUEGO DE ROBLOX TITULADO CITY HORIZONS.

En este capítulo, descubrirás por qué la gente juega a Roblox, que es similar a Minecraft, cómo crear tu propia cuenta y perfil de usuario en Roblox y lo que vas a encontrar en la página web de Roblox cuando te registres. También te contaremos cuántas formas de jugar a Roblox existen, con independencia del dispositivo que utilices para hacerlo.

11

¿POR QUÉ JUEGA LA GENTE A ROBLOX?

Roblox es un juego donde puedes hacer y ser lo que quieras. Al que le apetezca ser un Jedi, puede jugar al último de Star Wars, y el que quiera ser una estrella de la NFL puede jugar a la última entrega de Madden NFL, pero ¿qué pasa si quieres montar un restaurante y atenderlo disfrazado de Spiderman? No puedes hacer cosas así en un juego comprado.

La única limitación que tiene Roblox es lo que estás dispuesto a aprender. Sería imposible saber todo lo que hay que saber de Roblox leyendo un libro como este, porque el juego es gigantesco, pero es perfecto para empezar.

Otra cosa estupenda de Roblox es que se pueden hacer un montón de cosas chulísimas. Si quisieras, podrías jugar y crear cosas completamente gratis, sin gastarte ni un euro. Puedes construir juegos utilizando ladrillos similares a los de Lego. Puedes crear mundos inmensos llenos de agua y enormes montañas. La gente se pasa horas retocando sus mundos y creando juegos que solo comparten con sus amigos.

¿ROBLOX ES COMO MINECRAFT?

Si tenemos en cuenta la descripción anterior, me imagino que te parecerá que Roblox se parece a otro juego de construcción de mundos del que ya sabrás algo o con el que ya habrás jugado: Minecraft.

Mojang AB
UN PANTALLAZO DEL JUEGO MINECRAFT.

A pesar de que a primera vista resultan muy parecidos, son dos juegos muy distintos:

MINECRAFT VS. ROBLOX	
MINECRAFT	ROBLOX
Mundos generados al azar	Juegos personalizados de cero
Centrado en la construcción y la supervivencia	El juego puede tratar de lo que quieras
Todos los mundos son muy parecidos	Los juegos pocas veces se parecen

CÓMO HACERSE UNA CUENTA EN ROBLOX

¡Ahora vamos a hacernos una cuenta! Cuando entres en la página web de Roblox (Roblox.com), verás la página de inicio, en la que aparece esto:

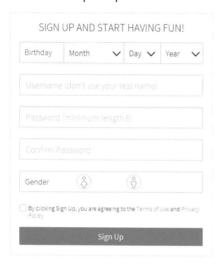

Roblox Corporation
PÁGINA DE INICIO DE ROBLOX

El proceso de creación de la cuenta es sencillo e indoloro. Es conveniente que uno de tus padres o tutores se siente contigo a hacerlo. Tienes que introducir en el formulario la siguiente información para tener una cuenta.

FECHA DE NACIMIENTO

Sé sincero y da tu fecha de nacimiento real. Si tienes menos de trece años, no te olvides de preguntarles a tus padres o tutores si te puedes registrar. A lo mejor quieren leer las Preguntas frecuentes para padres o tutores que vienen al final del libro para tener más información.

NOMBRE DE USUARIO

Así te identificarán los otros usuarios del juego.

El nombre de usuario aparecerá encima de tu cabeza mientras juegas, estará en tu perfil y saldrá en las listas cuando tu personaje saque grandes puntuaciones y esas cosas. Piensa un nombre que te apetezca que vean los demás, pero no des tu nombre verdadero ni ningún otro con el que puedan identificarte en la vida real. La página te dirá si ese nombre de usuario ya está ocupado. En ese caso, tendrás que elegir otro. Habla con tus padres o tutores antes de tomar una decisión definitiva.

CONTRASEÑA

La contraseña debe tener, como mínimo, ocho caracteres y debe incluir tanto letras como números. No uses tu nombre ni tu nombre de usuario, porque sería muy fácil adivinarla. Intenta combinar letras y números e incluye mayúsculas o caracteres especiales. Apúntala o guárdala en algún sitio seguro por si se te olvida. Comenta con tus padres o tutores qué contraseña podría servirte.

Donde pone Confirmar contraseña solo tienes que volver a escribir lo mismo. La página te pide que la confirmes para comprobar que te la sabes.

SEXO

Elige el icono de hombre o el de mujer. Así se decidirá qué sexo tiene tu avatar en el juego, lo que te ayudará a sentirte más cerca de tu personaje.

ÚLTIMOS PASOS

1. Marca la casilla de abajo para indicar que estás de acuerdo con los Términos de uso y la Política de pri-

vacidad, que deberías leer y que uno de tus padres o tutores debería revisar antes de aceptar.

2. ¡Haz clic en Regístrate!

AÑADIR UNA DIRECCIÓN DE EMAIL

Te habrás fijado en que no has tenido que dar tu dirección de email al crear la cuenta. Si tienes más de trece años, no es necesario dar una dirección para empezar, pero si no la añades después, te encontrarás con algunas limitaciones.

No podrás, por ejemplo, entrar en los foros ni conseguir ni gastar Robux. El Robux es una moneda virtual que se usa en Roblox y que sirve para adquirir en el juego mejoras u objetos especiales, etc.

Roblox Corporation
ICONO DE CONFIGURACIÓN DE CUENTA

Una vez registrado, haz clic en el icono del engranaje de la esquina superior derecha y selecciona Configuración en el menú desplegable. En esa sección, podrás añadir una dirección de email. Acto seguido, recibirás por correo un link donde podrás terminar el proceso de configuración de la cuenta.

CREAR EL RESTO DEL PERFIL

En la sección Mi configuración de tu perfil, debajo del recuadro de información de la cuenta, verás otros dos campos que se llaman Personal y Redes sociales. En la primera sección puedes contar algo sobre ti y sobre el país en el que vives, pero no des tu dirección ni tu nombre real.

Roblox Corporation
SECCIÓN DE INFORMACIÓN DE CUENTA

En la parte de Redes sociales, que aparece justo debajo, si a tus padres o tutores les parece bien, puedes añadir vínculos a tus cuentas de Facebook, Twitter, Google+, YouTube y Twitch. También hay una opción que te permite cambiar la configuración para decidir quién ve estos links: nadie, tus amigos, los usuarios a los que sigues, tus seguidores o todo el mundo. Elige la opción que a tus padres o tutores y a ti os parezca más conveniente.

CONFIGURACIÓN DE SEGURIDAD

Al crear la cuenta, solo has tenido que elegir una contraseña, así que es posible que quieras aumentar la seguridad para vivir más tranquilo. Si pinchas en la opción de Seguridad en el menú de Mi configuración, encontrarás una lista de medidas de seguridad extra.

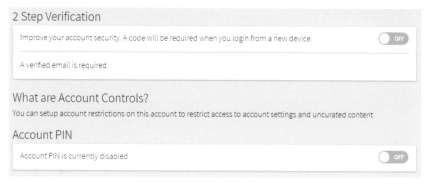

Roblox Corporation
CONFIGURACIÓN DE SEGURIDAD

Al principio, aparece la opción de Verificación en dos pasos. Esto quiere decir que si alguien intenta entrar en tu cuenta desde un dispositivo desde el que no te has conectado nunca, recibirás un email con un código de acceso. Si no lo utilizas al entrar, no se podrá acceder a tu cuenta desde dicho dispositivo.

Es muy útil, porque a ti no te cuesta nada meter el código si es cierto que estás usando un dispositivo diferente, como un ordenador o una tableta nuevos u otro dispositivo, pero así estarás más protegido de los hackers.

PROTEGE TU CONTRASEÑA

SI ALGUIEN TE ENVÍA UN MENSAJE PIDIÉNDOTE LA CONTRASEÑA O APARECE UN CUADRO DE DIÁLOGO EN LA PANTALLA DURANTE UN JUEGO EN EL QUE TE LA PIDEN, NO LA ESCRIBAS. ES PROBABLE QUE SEA UN INTENTO DE ENTRAR EN TU CUENTA. NO TE FÍES AUNQUE PAREZCA OFICIAL. LOS DESARROLLADORES DE ROBLOX NUNCA TE PEDIRÁN UNA CONTRASEÑA POR ESE MEDIO MIENTRAS JUEGAS.

También puedes añadir un PIN de la cuenta, que es un nivel de seguridad que se suma a la contraseña. Puede que a tus padres o tutores les interese usar la opción Controles de cuenta para cerciorarse de que lo que ves en pantalla es apropiado para tu edad. La opción Cierre de sesión seguro sirve para cerrar la sesión en todos los dispositivos en los que habías entrado, aunque no los estés utilizando en ese momento.

CONFIGURACIÓN DE LA PRIVACIDAD

Al entrar en Privacidad del menú de Mi configuración, tus padres o tutores o tú podréis decidir quién podrá ponerse en contacto contigo mientras juegas y quién podrá enviarte invitaciones directas. La primera sección se llama Configuración de contactos y tiene una configuración predeterminada. En la mayoría de los campos aparece señalada por defecto la opción Amigos, pero también se puede elegir Nadie o Todos, según lo que consideréis más apropiado. No tienes más que pulsar en cada campo para elegir quién puede enviarte mensajes y hablar contigo en la aplicación y/o en el juego.

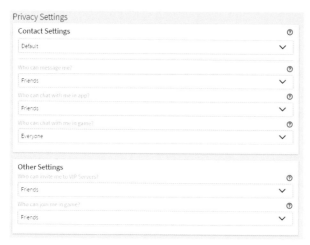

Roblox Corporation
CONFIGURACIÓN DE PRIVACIDAD

El campo Otras configuraciones determina quién puede invitarte a servidores VIP y quién puede unirse a ti en el juego.

FACTURACIÓN

Cuando creas una cuenta de Roblox, se considera de forma automática que quieres usar las opciones gratuitas. Si quieres cambiar esta opción, tienes que pinchar en Facturación en la página de Mi configuración. En esa sección, puedes hacer clic en el botón Unirse al Builders Club para acceder en la página desde la que te haces socio de dicho club. Si solo entras a Roblox a jugar a juegos gratuitos de vez en cuando, no merece la pena ser del Builders Club, pero si quieres vender objetos de tus juegos, tendrás que preguntarles a tus padres o tutores si puedes abonarte. Véase el capítulo 2 para más información sobre el Builders Club.

NOTIFICACIONES

- Notificaciones es la última opción de la lista de Mi configuración de la página web de Roblox. Aquí puedes configurar los dos tipos de notificaciones:
- Flujo de notificaciones: para elegir qué tipo de notificaciones aparecen cuando estás en la web.
- Notificaciones push de escritorio: para ajustar qué notificaciones saltan en la esquina de la pantalla mientras estás jugando.

NAVEGAR POR LA WEB DE ROBLOX

Cuando inicies sesión en Roblox con un ordenador, la página de inicio cambiará un poco. En lugar de los cuadros para iniciar sesión o registrarse, verás una página personalizada llena de links e información útiles y relevantes.

Justo debajo de tu nombre de usuario y tu avatar hay:

- Una lista de los juegos a los que has jugado hace poco.
- Notificaciones y recomendaciones.
- Entradas de blog recientes.

En la esquina inferior derecha, verás una ventana. Es el chat a través del cual puedes escribir a otros usuarios. Pulsa sobre la barra superior azul para abrirlo o minimizarlo. Vamos a minimizarlo de momento para centrarnos en el menú que se despliega en la esquina superior izquierda de la pantalla. Es importante conocerlo, porque vas a tener que utilizarlo constantemente para moverte por Roblox. Para acceder a este menú lateral, solo tienes que pinchar sobre el icono de la esquina superior izquierda de la pantalla, que tiene forma de cuadrado hecho de tres barras. La primera de las opciones del menú es Inicio, donde estás ahora. Vamos a echarle un vistazo al resto.

PERFIL

La página de tu perfil reúne la información básica sobre tus costumbres de juego, tu avatar y sobre ti.

Roblox Corporation
PÁGINA DE PERFIL DE ROBLOX

En esta página, verás cuántos amigos y seguidores tienes y a cuántas personas sigues en Roblox. En el apartado Sobre mí aparece la información que hayas añadido en la página de Mi configuración al registrarte. Justo debajo, verás que tu avatar de Roblox puede verse en 2D, como un recortable de papel, o en 3D, como un juguete. La versión en 2D mira al frente y no se mueve, mientras que la versión tridimensional gira para que veas a tu personaje desde todos los lados. Es un poco raro, porque si en el recuadro pone 2D, quiere decir que puedes pulsar encima para que el avatar aparezca en dos dimensiones, no que sea una imagen 2D en ese momento. Considera que es un botón que solo hará lo que pone si lo pulsas. A la derecha tienes una lista de todo lo que lleva puesto tu avatar. Puedes pulsar sobre cada elemento para obtener más información.

Debajo están:

- Colecciones: Estos objetos se pueden crear cuando personalizas el avatar (Véase el capítulo 2).
- Insignias: Son los premios que has ganado en diferentes juegos. Si acabas de registrarte, puede que el apartado no aparezca todavía.
- Estadísticas: En esta parte figura cuándo te registraste en Roblox, cuántas veces has visitado tus lugares (tu mundo personal y privado de Roblox, por así decirlo) y cuántas veces has escrito algo en el foro.

MENSAJES

La siguiente sección del menú de la izquierda es la de Mensajes. Aquí podrás leer los mensajes que hayan llegado a tu buzón o, en Enviados, los que hayas enviado a otros jugadores y, también, las noticias oficiales de los desarrolladores de Roblox. Además, podrás acceder en Archivo a los mensajes que ya no están en tu buzón. Es similar a los mensajes de texto o de Facebook, solo que estos solo pertenecen a Roblox.

Si eres nuevo, es probable que recibas un mensaje de Builderman, el avatar de uno de los desarrolladores del juego. Léelo. ¡Es muy amable!

AMIGOS

El apartado de Amigos está justo después del de Mensajes. Si no tienes amigos, ni seguidores ni sigues a nadie, aquí no puedes hacer gran cosa. Cuando los tienes, aparecen aquí. Puedes añadir amigos desde los juegos, como te detallaremos en el segundo capítulo.

AVATAR

A continuación, tenemos Avatar. Tu avatar de Roblox es tu imagen digital en el juego. En todos los juegos, los jugadores a los que te encuentres te reconocerán por él. Además, tu nombre de usuario aparecerá en todo momento encima de la cabeza del avatar. Por lo tanto, debes pensar que el avatar es tu yo pequeñito en Roblox.

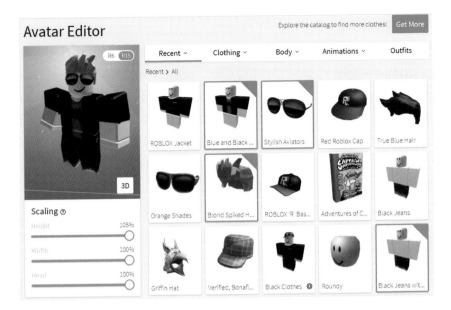

Roblox Corporation
EDITOR DE AVATARES

Los artículos que puedes ponerle al avatar aparecen en la página del Editor de avatares. En el menú superior puedes entrar a opciones muy concretas: Recientes, Ropa, Cuerpo, Animaciones y a los Conjuntos que has combinado. El apartado Animaciones te permite elegir cómo quieres que tu avatar haga cosas como caminar, correr y escalar. Todos los avatares de Roblox lo hacen igual por defecto, pero si utilizas las animaciones, tu personaje destacará más.

Hablaremos más sobre cómo cambiar tu avatar en el segundo capítulo.

MI INVENTARIO

A continuación está el Inventario. Todo lo que pertenece a tu cuenta está guardado aquí. Es una especie de mochila virtual infinita en la que llevas todas tus cosas. En lugar de tener un armario, tu avatar lo mete todo en esta página.

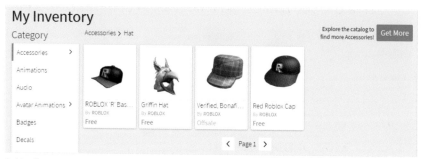

Roblox Corporation
MI INVENTARIO.

Las categorías que aparecen en la lista están muy claras. La mayoría de los artículos puede comprarse, canjearse o cogerse (si es gratis, por ejemplo) en el completísimo catálogo, del que hablaremos en el siguiente capítulo.

INTERCAMBIAR

Después tenemos Intercambiar. Se podría decir que esta sección de la página es una mezcla de Mensajes y Mi inventario. Cuando realizas un intercambio, le envías Robux o artículos a otro jugador a cambio de sus Robux o artículos. Por ejemplo, puedes intercambiar un artículo especial por mil Robux de otro jugador. Los intercambios de artículos son muy populares entre los usuarios de Roblox.

GRUPOS

Debajo de Intercambios, encontramos Grupos. En esta sección, podrás buscar a jugadores a los que les gusta construir y jugar al mismo tipo de juegos que a ti. Los grupos también sirven para que los jugadores se alíen entre sí y busquen a grupos rivales. Se anima así la competición sana.

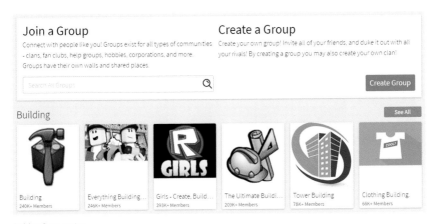

Roblox Corporation
GRUPOS

En la página principal de Grupos, verás varias categorías principales para elegir:

- Grupos sobre construcción.
- Grupos sobre conflictos bélicos.
- Grupos sobre juegos de rol: Aquí, todos los miembros fingen que viven en un mundo específico y actúan como si fueran los actores de una obra. De este modo, los jugadores pueden ser creativos durante las partidas.

- Grupos de fans: Por lo general, se centran en reunir a aquellos a los que les apasiona un tema determinado. Por ejemplo, que van a un instituto de Roblox o que son fans de series de televisión o sagas como Sword Art Online o Pokémon.

FORO

Es probable que pases mucho tiempo en esta parte si empiezas a aficionarte a Roblox. El foro se divide en tres secciones principales, que a su vez contienen subsecciones:

Roblox

Esta sección del foro se centra en el juego y te permite:

- Colgar comentarios sobre las características del juego y sobre cómo se juega.
- Pedir ayuda o consejos técnicos.
- Aportar ideas y sugerencias de mejora.
- Apuntarte a eventos muy interesantes y a los concursos que vayan a celebrarse.

Clubs informales

Dentro del foro, encontramos una sección más informal donde, en lugar de hablar con los desarrolladores de Roblox y colgar preguntas o sacar temas oficiales, los usuarios pueden hablar e interactuar con más libertad. Las subsecciones se agrupan así:

- Chat general.
- Conversaciones generales de cualquier tema.
- Clanes y gremios, para los grupos que organizan los jugadores.
- Búsqueda de la mejor forma de aprovechar los artículos del Catálogo con intercambios.
- Cómo conseguir Robux rápidamente.

Desarrollo y creación de juegos

Esta parte del foro es la más apropiada para los que quieren hacer su propio juego. Las subsecciones se centran en:

- Conseguir que mucha gente juegue a tu juego.
- Diseñar juegos nuevos.
- Aprender a hacer scripts avanzados para desarrollar juegos más complejos.

BLOG

Después está la sección Blog. Al pinchar aquí, saldrás de tu portal personal y entrarás en el blog oficial de Roblox. En esta página, verás un artículo nuevo de los trabajadores de la empresa cada dos o tres días. Hablan de temas como el juego, las novedades, las actualizaciones y los eventos.

No hace ninguna falta que leas el blog para poder jugar y disfrutar de Roblox, pero si le echas un vistazo de vez en cuando, estarás al tanto de todas las novedades y noticias de Roblox.

TIENDA

Por último, verás Tienda, la última opción del menú lateral de la izquierda. Al pinchar, el link te sacará de tu área privada, pero esta vez saldrás también de la página web de Roblox.

LA TIENDA DE ROBLOX

La Tienda está en una sección especial de Amazon. com. En ella encontrarás todo tipo de juguetes y otros artículos relacionados con Roblox. Casi todo lo que se vende en Amazon son artículos reales, físicos, así que no tienen nada que ver con los juegos ni con tu avatar. Necesitarás la ayuda de un adulto para comprar.

MEJORAR AHORA

Debajo del link que lleva a la tienda, encontrarás otros dos iconos en los que puedes pinchar. En primer lugar, un botón azul en el que pone Mejorar ahora. Es imposible no verlo.

Si pulsas el botón, entrarás en la página del Roblox Builders Club. Para más detalles sobre el funcionamiento de esta página, consulta el siguiente capítulo.

EVENTOS

El último enlace del menú lateral de la izquierda se llama Eventos. Esta parte cambia constantemente, según el contenido, el evento o el concurso que los creadores hayan organizado o quieran promocionar en cada momento. Por ejemplo, cuando se escribió este libro, uno de los eventos se llamaba Heroes.

Al pinchar en los distintos iconos de la sección, accederás a una web en la que constan distintas actividades y juegos sobre un tema concreto, en este caso, Heroes. Si participas en el evento y juegas con los títulos seleccionados, podrás ganar premios, como camisetas y accesorios especiales para tu avatar. Estos incentivos son muy populares entre los jugadores, porque son una muestra de los eventos en los que has participado; además, tu avatar puede llevarlos puestos en otros juegos de Roblox.

Eventos

Roblox Corporation
ICONO DE EVENTOS

FORMAS DE JUGAR A ROBLOX

Roblox existe desde hace bastante tiempo y los desarrolladores ya han hecho versiones para diferentes dispositivos. Al principio, era solo un juego de ordenador, pero ahora es posible jugar en:

- Ordenadores Mac.
- Dispositivos móviles, como tabletas.
- Videoconsolas.
- Equipos de realidad virtual (RV).

Antes de jugar en estas plataformas, tienes que crearte una cuenta en la página web oficial: www.roblox.com. A continuación, entra en la página de inicio de Roblox y baja hasta el final para elegir el dispositivo concreto en el que te interesa jugar a Roblox. Los links que aparecen te llevarán a las páginas de descarga de tu dispositivo. Ten en cuenta que la mayor parte de este libro se centra en la versión para ordenador del juego. La razón es que, de momento, solo se puede utilizar Roblox Studio para construir tu propio mundo en el ordenador.

Con independencia del dispositivo que utilices para jugar, estarás jugando online con todo el mundo a la vez. Eso quiere decir que una persona puede estar jugando con un iPhone, otra con unas gafas de RV y otra en su portátil. Todos están compartiendo el mismo mundo a la vez.

JUGAR EN UN ORDENADOR

Casi todos los jugadores utilizan Roblox en un ordenador Windows o Mac para tener más opciones y flexibilidad. Puedes utilizar tanto el mando de la consola como un teclado y un ratón para jugar.

Para empezar a usar Roblox en un ordenador, solo tienes que iniciar sesión, buscar un juego y pinchar en el botón Jugar. Si no tienes Roblox Player instalado en el ordenador, tendrás que descargarlo e instalarlo. La página de Roblox te irá guiando.

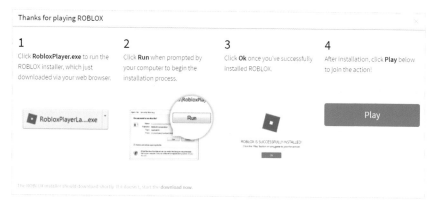

Roblox Corporation
INSTRUCCIONES PARA INSTALAR ROBLOX PLAYER.

La forma normal de jugar a Roblox es online a través de tu navegador de internet. Sin embargo, si prefieres jugar a Roblox en tu ordenador y no en la red, tus padres o tutores o tú podéis descargar una versión del juego compatible con Windows 10 del juego en la Microsoft Store.

Con independencia de dónde juegues, cada juego de Roblox se manejará de forma ligeramente distinta. Para más detalles sobre cómo jugar, échale un ojo al Capítulo 2.

JUGAR EN UN DISPOSITIVO MÓVIL

También puedes jugar a Roblox gratuitamente en dispositivos móviles tales como iPads y iPhones (solo tienes que descargarte la aplicación de Roblox en la Apple App Store) y dispositivos Android (descarga la app de Roblox en Google Play o en la Amazon Appstore). A pesar de que técnicamente es posible jugar tanto en smartphones como en tabletas, yo recomendaría las tabletas, porque al tener la pantalla más grande, será mucho más fácil jugar y moverse.

Si quieres adquirir Robux para conseguir contenido prémium, puedes hacerlo a través de la página web de Roblox. Para empezar, pulsa o toca el icono R$ que encontrarás en la parte superior derecha de la web. Consulta el segundo capítulo para tener más información sobre los Robux.

JUGAR EN UNA VIDEOCONSOLA

Además de en los ordenadores y los dispositivos móviles, se puede jugar a Roblox gratuitamente en la Xbox One. Háblalo con tus padres o tutores y, después, accede a la Xbox Store desde la Xbox One y busca Roblox. Cuando te hayas registrado, podrás acceder a miles de juegos que han hecho los usuarios.

Igual que en los dispositivos móviles y en los ordenadores, también aquí puedes adquirir Robux para cambiarlos por contenido prémium para la Xbox One. Consulta el segundo capítulo para tener más información sobre los Robux.

JUGAR CON UNAS GAFAS DE REALIDAD VIRTUAL

Si tienes unas gafas de RV compatibles, como las Oculus Rift, también puedes usarlas para jugar a Roblox. Lo único que tienes que hacer es configurar Oculus para que te deje ver el contenido de fuentes desconocidas antes de probar. Cuando conectes las gafas al ordenador, Roblox iniciará cualquier juego que elijas en modo RV. Verás el juego en las gafas y podrás ver las cosas moviendo la cabeza, pero, por lo demás, se juega igual que en la versión para ordenador. Podrás usar también el teclado y el ratón o un mando de consola.

* * *

Ahora ya tienes una cuenta, sabes dónde están las cosas en la página web y entiendes mejor cómo se juega a Roblox con diferentes dispositivos. Vamos a pasar a la parte divertida: ¡jugar!

CAPÍTULO 2

PRIMEROS PASOS

Ahora que ya has configurado una cuenta en Roblox, puedes empezar a jugar a algunos juegos. En este capítulo, vamos a enseñarte a personalizar tu avatar y lo que puedes hacer para que lo identifiquen contigo, a buscar los juegos en Roblox y a empezar a jugar, a entrar en el Builders Club, a entender lo que son los Puntos de Jugador y las insignias o Badges, y a interactuar con otros usuarios.

PERSONALIZAR TU AVATAR

En Roblox, tu avatar es tu personaje digital en el juego. Cada vez que eches una partida, los demás usuarios te reconocerán por él. Tu nombre de usuario aparecerá flotando encima del avatar en todo momento. Como es tu imagen, conviene que diga algo sobre ti y sobre lo que te gusta. Una vez que hayas iniciado sesión y estés en la página de inicio de Roblox, puedes pinchar sobre el icono de tu avatar, que está en la parte izquierda de la página, donde también está la sección Perfil, de la que hemos hablado en el Capítulo 1. Además de ver tu avatar, puedes cambiarle cosas como el color de la piel, la expresión de la cara y la ropa. Lo más habitual es que la gente les cambie el gorro, la camiseta y los pantalones y los personalice con más detalle para diferenciarse de los demás.

EL CATÁLOGO

La forma más popular de conseguir artículos nuevos para que los luzcan tus personajes es el Catálogo del juego. En la parte superior de la página de inicio, verás un menú en el que pone: Juegos, Catálogo, Crear y Robux. De momento, vamos a centrarnos en el catálogo.

Necesitas Robux para comprar la mayor parte de los artículos del Catálogo. El precio está marcado muy claro. Solo se pueden conseguir Robux vendiendo e intercambiando artículos con otros jugadores o comprándolos con dinero real.

Hay unos cuantos artículos gratuitos disponibles en el Catálogo, pero son más bien pocos y la mayoría no es muy interesante. Es posible que, de vez en cuando, en los juegos de Roblox ganes artículos para personalizar.

ROBUX Y EL BUILDERS CLUB

No tienes por qué gastar dinero real para comprar Robux ni para entrar en el Builders Club, pero no cabe duda de que el dinero te facilita las cosas. Te permite comprar artículos especiales y acceder a nuevas opciones. Es como la mayoría de los juegos para el móvil: puedes jugar gratis al juego básico, pero parte del contenido más chulo es solo para los jugadores que pagan. Ese es el caso de Roblox.

ROBUX

El Robux es una moneda digital que se utiliza exclusivamente en Roblox para adquirir artículos en los juegos, para acceder a contenido prémium y para intercambios con otros jugadores. Los Robux se consiguen comprándoselos con dinero real a los creadores de Roblox o vendiéndoles artículos especiales a otros jugadores. Las formas más habituales de conseguirlos son entrar en el Builders Club, del que os hablamos a continuación, y comprar grandes cantidades con dinero real. Si creas juegos en Roblox y cobras a los jugadores por cosas especiales, luego también podrás cambiar los Robux por dinero real. Tienes más detalles en el Capítulo 14.

EL BUILDERS CLUB

Si a tus padres o tutores y a ti os parece buena idea, puedes hacerte socio de pago del Builders Club. Los socios de pago eligen una de las tres categorías diferentes. Cada una ofrece recompensas diarias y mensuales. Uno de los beneficios es que recibes una paga diaria en Robux, que podrás usar para comprar artículos del Catálogo e incluso para adquirir Game Passes y acceder a juegos prémium de Roblox.

	Free	Classic	Turbo	Outrageous
Daily ROBUX	No	R$15	R$35	R$60
Join Groups	5	10	20	100!
Create Groups	No	10	20	100!
Signing Bonus*	No	R$100	R$100	R$100
Paid Access	10%	70%	70%	70%

* Signing bonus is for first time membership purchase only.

		Monthly	Monthly	Monthly
		$5.95	$11.95	$19.95
		Annually	Annually	Annually
		$57.95	$85.95	$129.95

Ad Free	No	✓	✓	✓
Sell Stuff	No	✓	✓	✓
Virtual Hat	No	✓	✓	✓
Bonus Gear	No	✓	✓	✓
BC Beta Features	No	✓	✓	✓
Trade System	No	✓	✓	✓

Roblox Corporation
CATEGORÍAS DEL ROBLOX BUILDERS CLUB

Las tres categorías de pago comparten algunos beneficios: eliminan todos los anuncios y te permiten vender artículos y crear grupos, pero cada tipo de socio recibe una cantidad diaria de Robux distinta y puede entrar y crear un número de grupos distinto. En el Builders Club, hay cuatro tipos de socios:

Gratis

Si acabas de hacerte una cuenta, te has convertido automáticamente en un socio de esta categoría, que te permite jugar y publicar juegos básicos que hayas creado. Sin embargo, no tienes acceso a las opciones más avanzadas de Roblox. Si perteneces a la categoría Gratis, no recibes Robux diarios para adquirir artículos prémium y tendrás que aguantar los anuncios tanto en el juego como en la web. Crear grupos, vender cosas y obtener material extra son algunas de las muchas cosas que tampoco podrás hacer.

Clásico

La categoría Clásico, que cuesta 6,49€ al mes, te permite acceder a los grupos y conseguir R$15 diarios.

Turbo

La tercera categoría se llama Turbo. Por 12,99€ al mes, tienes todos los extras del socio Clásico y acceso a más grupos y R$35 diarios.

Outrageous

Outrageous es la cuarta categoría y la más cara. Cuesta 20,99€ al mes e incluye los mismos extras de Turbo y acceso a más grupos y R$60 diarios.

¿QUÉ SON LOS GAME PASSES?

ALGUNOS JUEGOS CUENTAN CON ARTÍCULOS Y SERVICIOS OPCIONALES. PUEDES ADQUIRIRLOS CON ROBUX PARA QUE EL JUEGO SEA MÁS FÁCIL O MÁS DIVERTIDO. SON MÁS O MENOS COMO LAS COMPRAS DENTRO DE LAS APPS DE LOS MÓVILES O EL CONTENIDO DESCARGABLE DE LOS VIDEOJUEGOS. CON UN GAME PASS, PODRÁS, POR EJEMPLO, HACER EDIFICIOS MEJORES EN UN JUEGO DE CONSTRUIR CIUDADES O DARLE A TU PERSONAJE VIDAS INFINITAS EN UN OBBY, QUE ES COMO SE LLAMAN LAS CARRERAS DE OBSTÁCULOS EN ROBLOX.

ENTRAR EN EL BUILDERS CLUB

Como ves, los beneficios de ser socio aumentan con el precio. Decidir si merece la pena pagar las distintas cuotas mensuales para ser socio de pago de una de las categorías depende de ti. Si lo que más te interesa es jugar a Roblox gratis y comprar un par de Robux de vez en cuando para algo muy concreto, la categoría Gratis es una buena elección. Por el contrario, si quieres utilizar Robux más a menudo o disfrutar de mayores ventajas, como crear grupos, vender artículos, etc., tendrás que ser socio de pago del Builders Club.

En resumen, para entrar en el Builders Club, puedes elegir una de las tres opciones de pago, que tus padres o tutores pueden abonar de forma mensual o anual. Cuanto más cara es la categoría, mayores son las ventajas. Si te conviertes en socio de pago, consigues:

- Una asignación diaria de Robux en tu cuenta.
- La posibilidad de entrar en más grupos.
- La posibilidad de crear grupos.
- Cien Robux (R$100) como regalo de bienvenida (Solo la primera vez que te haces socio).
- El acceso de pago, que te permite cobrar a los usuarios que jueguen a los juegos que hayas creado.
- Cero anuncios.
- La posibilidad de vender artículos y accesorios.
- Un sombrero virtual.
- Equipamiento extra.
- Probar las novedades en beta antes de que salgan a la luz.
- La posibilidad de intercambiar objetos con otros usuarios.

Aunque decidas no hacerte socio, podrás pasártelo en grande con la página web de Roblox.

JUGAR A JUEGOS DE ROBLOX

Muchísimos usuarios que acceden a Roblox para jugar no crean sus propios mundos.

Se limitan a jugar a los juegos de otros. Al parecer, de los treinta millones de usuarios activos mensuales de Roblox, solo alrededor de medio millón crea juegos y otros objetos. Como ya se han creado miles de juegos y están en la web, es posible que des con algún juego de Roblox inspirado en tus sagas de videojuegos, películas o series de televisión preferidas.

BUSCAR JUEGOS PARA JUGAR

El único problema de jugar a los juegos de los demás es que ¡hay miles para elegir! ¿A cuáles deberías jugar? Cuando visites tu página de inicio, encontrarás una lista de juegos a los que otros usuarios han estado jugando hace poco, así como un par de juegos que Roblox calcula que podrían gustarte. En cualquier caso, si pulsas en la opción Juegos de la parte superior de la página web, puedes buscar en la lista completa.

BUSCAR POR CATEGORÍA

La página de Juegos de Roblox se divide en varias categorías:

- Hay una lista que se actualiza constantemente de lo que es más Popular entre los jugadores. ¡Es probable que decenas de miles de personas estén jugando ahora mismo a esos juegos!
- Los juegos Recomendados son aquellos que tienen relación con otros a los que has jugado o con tus intereses. Es, por así decirlo, una lista personal elaborada especialmente para ti.

- Los juegos Más rentables son aquellos en los que los jugadores gastan más Robux mientras juegan.
- Los juegos Mejor valorados son aquellos mejor considerados por los jugadores. En esta categoría, aparecen los juegos que los usuarios han decidido que más les gustan últimamente. Después de jugar, puedes valorar los juegos.
- Los Promocionados son los juegos que eligen los creadores de Roblox. Por lo general, los sugieren teniendo en cuenta las tendencias de la red en cada momento.

A la derecha del todo de las filas de juegos hay un botón azul en el que pone Ver todo. Cuando lo pulsas, entras a una página en la que solo aparecen los juegos de la categoría concreta. Por ejemplo, los Populares o los Promocionados.

En la parte superior de la página Juegos, hay dos menús desplegables. Utilízalos para ver otras opciones distintas de las que ofrece la selección habitual. En el desplegable de la izquierda, pone Predeterminado. Si pulsas, verás un montón de opciones más, como Actividad de amigos, que selecciona los juegos a los que están jugando tus amigos, o Populares en RV, que ofrece una lista de los juegos a los que más gusta jugar con gafas de realidad virtual.

En el otro desplegable pondrá Todos. Pulsa encima y verás una lista de géneros como Aventura o Militar. Una de las formas más sencillas y rápidas de elegir algo para jugar en Roblox es utilizar este desplegable.

Solo tienes que buscar un tipo de juego que te parezca divertido y seleccionarlo. Si, por ejemplo, te gustan los castillos y los caballeros, elige el género Medieval. Si preferirías jugar al fútbol, al fútbol americano o al baloncesto, busca en Deportes. Al seleccionar un género, verás una lista de los juegos más populares de dicho género. ¡Ya solo tienes que escoger un juego y probarlo!

USAR LA BARRA DE BÚSQUEDA

Sin embargo, puedes hacer algo más que leer listas de distintos géneros o categorías. Utiliza también la barra de búsqueda que aparece en la parte superior de la página de Juegos. Por ejemplo, si buscas juegos de Roblox sobre Pokémon o Bob Esponja, solo tienes que escribirlo en la barra de búsqueda y pulsar Intro en el teclado. Mira qué aparece y, luego, escoge un juego.

Como experimento, vamos a buscar Pokémon.

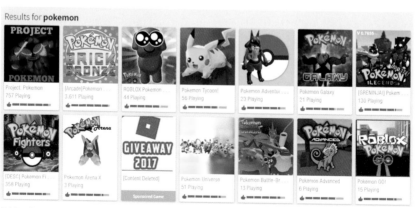

Roblox Corporation

LISTA DE LOS PRIMEROS JUEGOS DE POKÉMON A LOS QUE PODRÍAS JUGAR.

De inmediato aparecen un montón de títulos de Poké-mon. Como verás, cuando hicimos esta búsqueda, había miles de personas jugando a juegos de Pokémon en Ro-blox. Al parecer, el más popular es Pokémon Brick Bronze, con más de tres mil jugadores activos.

Por si lo estabas pensando, *Pokémon Brick Bronze* se pa-rece mucho a los juegos para la Nintendo Gameboy, DS, y 3DS. Creas un personaje, te mueves por distintos sitios, luchas contra otros entrenadores y maestros y, mientras te mueves, descubres y capturas nuevas razas de Pokémon. De hecho, los combates se luchan por turnos, como en los juegos oficiales.

Pokémon Brick Bronze Version
UNA PELEA EN *POKÉMON BRICK BRONZE*

Este juego en concreto es impresionante. ¡Es dificilísi-mo hacer un juego tan bueno!

LOS MEJORES JUEGOS DE ROBLOX

Como en Roblox se puede jugar a miles de juegos, puede costarte elegir uno. Muchos de los juegos que crean los más novatos no son tan divertidos como nos gustaría, porque ha sido su primer intento. No obstante, hay unos cuantos geniales. Para darte una idea de por dónde empezar, he hecho esta lista con los ocho mejores juegos a los que se puede jugar en Roblox. Seis de ellos son completamente gratis. Para jugar a los otros dos, hay que pagar una pequeña cantidad de Robux.

POKÉMON BRICK BRONZE

En este juego, puedes elegir un Pokémon y participar en combates mientras recorres un mundo vasto y desconocido, igual que en los famosos juegos de Nintendo.

Además, este es uno de los pocos juegos de Pokémon que te permite andar por la pantalla e interactuar con otras personas mientras juegas. A la mayoría de los juegos oficiales de Pokémon solo se puede jugar offline, a no ser que luches contra alguien. *Pokémon Brick Bronze* es uno de los juegos más populares de Roblox.

THEME PARK TYCOON 2

Uno de los géneros más populares en Roblox son los juegos de simulación en que te conviertes en un magnate. Eso quiere decir que montas un negocio o construyes algo y lo gestionas para ganar dinero.

¡Es divertido ir ampliando el negocio poco a poco y ver si triunfa!

En Theme Park Tycoon 2 puedes construir un parque temático a tu gusto. Intenta que los clientes estén contentos ofreciéndoles comida y bebida, así como una mezcla interesante de atracciones emocionantes, otras más tranquilas, acuáticas, montañas rusas, etc.

EPIC MINIGAMES

Epic Minigames es un grupo de juegos sencillos y divertidos. Hasta la fecha, cuenta con más de sesenta minijuegos. Cada vez que superas un nivel, ganas puntos. Puedes usar todos los puntos que obtienes y los niveles que conquistas para conseguir equipo especial, habilidades e incluso mascotas dentro del mundo *Epic Minigames*. Seguramente, este es el juego de Roblox con la selección de actividades más variada. En otros juegos, matas monstruos, participas en carreras de coches o construyes cosas, pero en *Epic Minigames* hay un poco de todo.

JAILBREAK

¿Has jugado alguna vez con tus amigos a Ladrones y policías? Pues esa es la idea de Jailbreak. Los jugadores entran en el mundo del juego y tienen que organizar robos y otros delitos sin que los pillen.

Jailbreak es tan divertido porque es un mundo enorme lleno de acción de principio a fin. Conducir por una gran ciudad para atracar bancos y joyerías es muy emocionante.

PHANTOM FORCES

Phantom Forces es uno de los juegos más avanzados de Roblox. Si ya has probado los juegos de disparos en primera persona como *Counter-Strike* y *Call of Duty*, puede que te guste este juego.

En lugar de ver a tu personaje como si fuera una tercera persona, como pasa en la mayoría de los juegos de Roblox, en *Phantom Forces* jugarás en primera persona, es decir, verás la escena con tus propios ojos. El objetivo del juego es luchar contra otros jugadores en competiciones por equipos. Hay sangre y mucha violencia, así que no se recomienda para los más jóvenes. Háblalo con tus padres o tutores para saber si es apropiado para ti antes de jugar.

ZOMBIE RUSH

Zombie Rush es divertido porque te permite volver a jugar una y otra vez sin dejar de disfrutar. Es un juego multijugador, así que puedes jugar con amigos y puedes mejorar a tu personaje subiendo de nivel y mejorando sus cifras.

En este juego, un grupo de jugadores y tú tenéis que combatir las oleadas de zombis que te van rodeando poco a poco. Si caes, puedes cambiar el chip y jugar de zombi. Estos son bastante asquerosos, así que, si no te van esas cosas, puede que esta no sea la mejor alternativa.

RESTAURANT TYCOON

¿Alguna vez has querido tener tu propio restaurante? *Restaurant Tycoon* es un juego de pago, ya que tienes que pagar 25 Robux para desbloquear el acceso, y se parece bastante a Theme Park Tycoon 2.

La principal diferencia entre *Restaurant Tycoon* y *Theme Park Tycoon 2* es que, en esta ocasión, vas a gestionar una empresa de restauración y tienes que elegir el menú que vas a ofrecer en lugar de montar atracciones. También controlas las comandas y encargas las diferentes tareas a cocineros y camareros. ¡Es divertidísimo! ¡Y vas a ver los restaurantes de la vida real con nuevos ojos!

WELCOME TO BLOXBURG

Para jugar a *Welcome to Bloxburg* hay que pagar 25 Robux.

Este juego es como vivir la vida dentro del ordenador. Te puedes hacer una casa, tener coche, ir a trabajar, quedar con los amigos y explorar la bulliciosa ciudad de Bloxburg. En Roblox hay muchos juegos que te permiten quedar con tus amigos, pero *Welcome to Bloxburg* es uno de los mejores, porque se pueden hacer cosas divertidas aparte de sentarse a charlar con la gente. De alguna manera, te permite llevar una nueva vida en este pequeño mundo virtual de Roblox. Se parece a *The Sims*, pero, en esta ciudad, hay muchísima gente contigo.

LA INTERFAZ DE LOS JUEGOS

El manejo de cada juego de Roblox es distinto, porque está diseñado para ese juego concreto. Por ejemplo, en los juegos de construcción tendrás que usar mucho el ratón para seleccionar lo que sale en pantalla, pero en uno de coches, tendrás que pulsar el teclado para moverte y conducir el coche. En términos generales:

- Si eliges un juego de plataformas con una carrera de obstáculos (que suelen llamarse Obby), verás a tu personaje entero mientras juegas a correr, saltar de plataforma en plataforma y evitar obstáculos.
- En los juegos de disparos en primera persona, como *Call of Duty* o *Counter-Strike*, tendrás que controlar a tu jugador como si sus ojos fueran los tuyos propios, así que solo te verás las manos y lo que tengas delante.
- Un juego de acción sobre superhéroes inspirado en *Pokémon* te permite ver a tu personaje desde arriba, como si estuvieras flotando en el cielo.

En esencia, el manejo del juego se adaptará al tipo de juego al que estés jugando.

¿QUÉ SON LOS PUNTOS DE JUGADOR Y LAS INSIGNIAS?

ALGUNOS JUEGOS TE PERMITEN OBTENER PREMIOS COMO PUNTOS DE JUGADOR O INSIGNIAS (BADGES) CUANDO CUMPLES LOS OBJETIVOS. ESTOS PUNTOS SON UNA SIMPLE MUESTRA DE TU DOMINIO DEL JUEGO EN UNA LISTA DE MEJORES JUGADORES Y NO TIENEN NADA QUE VER CON LOS ROBUX. LAS INSIGNIAS SON ALGO PARECIDO, PARA PREMIAR UN LOGRO.

MOVERSE POR EL MENÚ OPCIONES

Una de las cosas que comparten todos los juegos de Roblox es el menú Opciones. Cuando juegas en el ordenador, lo único que tienes que hacer es pulsar la tecla Esc para que aparezca el menú Opciones.

Roblox Corporation
MENÚ OPCIONES

En la parte de arriba, aparecen varios submenús.

Jugadores

A la izquierda encuentras la pestaña Jugadores, que no está seleccionada en esta captura de pantalla. La lista de jugadores que aparece en esta pestaña te permite añadir a otros jugadores como amigos o avisar a los desarrolladores si hay algún problema, como algún abuso o acoso a un jugador.

Configuración

En Configuración, puedes hacer pequeños ajustes de detalles como el volumen o la calidad de los gráficos. Si el juego va perfectamente, no tendrás que usar esta opción. Si el juego va lento o se congela, quizá te convenga disminuir la calidad de los gráficos.

Denunciar

La sección Denunciar aparece al lado del icono de una banderita. Aquí puedes escribir a la página web de Roblox si surge un problema que no puedes solucionar tú solo. Por ejemplo, puedes dar el nombre de usuario de un jugador concreto si no juega como es debido. También puedes avisar si falla alguna opción (lo que se llama bug) tanto en la página web como en algún juego.

Ayuda

Cuando pulsas en Ayuda, se abre una pantallita donde se

explican las teclas de control del juego. Conviene que consultes esta sección siempre antes de jugar a un juego nuevo.

Grabar

La opción Grabar te permite conservar un recuerdo de cuando juegas con tus amigos y documentar lo que sucede en los juegos de Roblox. ¡Si pasa algo increíble, no querrás perderlo! Tiene un botón para hacer pantallazos que se guardarán por defecto en Mi PC > Imágenes > Roblox, en tu ordenador. Cuando pulses Grabar vídeo, el archivo se guardará en esa misma carpeta para que puedas editarlo si quieres o cargarlo en una web de vídeos como YouTube.

Tabla de clasificación

En la mayoría de los juegos de Roblox, en la esquina superior derecha de la pantalla, verás una lista de nombres de usuarios con un número al lado. Es la clasificación actual, una lista de los jugadores con más puntuación en ese juego concreto.

Sin embargo, no todos los juegos la tienen. En otros juegos, la lista de usuarios de la esquina superior derecha no se muestra en todo momento. Cuentan con un botón que hay que pulsar para que aparezca la clasificación. En otros juegos, hay una lista de los usuarios que han muerto o un marcador que aparece de vez en cuando para tenerte informado.

JUGAR CON OTRAS PERSONAS

Cuando juegas a un juego en Roblox, habrá otras personas jugando en ese mismo momento. Las verás por ahí, con el nombre de usuario flotando encima mientras juegan. Vamos a ver cómo se puede hablar o jugar con esos jugadores.

LA VENTANA DE CHAT

Mientras juegas a un juego de Roblox, verás una ventana con mensajes en la esquina superior izquierda que puedes usar para hablar con el resto de usuarios que está jugando a ese juego. Para enviar un mensaje, pulsa en el chat o pulsa la tecla / (barra del 7) del teclado, escribe lo que quieras y luego pulsa intro. Si estás jugando con amigos, es importante hablar sobre las estrategias que vais a seguir. A lo mejor también te apetece invitar a alguien a tu espacio personal de Roblox a pasar el rato y a charlar.

AÑADIR AMIGOS

A veces, cuando juegas, te encuentras con alguien con quien es divertido jugar. Si a tus padres o tutores les parece bien, puedes añadirlo como amigo en Roblox. El mecanismo es similar al de las páginas de redes sociales como Facebook, Twitter y demás.

Desde dentro del juego, accede al menú Opciones pulsando la tecla Esc o el icono formado por tres barritas que verás en la esquina superior izquierda de la pantalla. Haz clic en la pestaña Jugadores. Al lado de cada nombre de usuario aparece el botón Añadir amigo. Si lo pulsas, se abrirá una ventanita en su pantalla para preguntarle si te acepta. Esa misma ventana te aparecerá a ti si otro jugador intenta añadirte como amigo.

Una vez aceptada la solicitud, sabrás cuándo tu amigo está conectado y a qué está jugando, y podrás enviarle mensajes directos que podrá leer y contestar, aunque no esté jugando a ningún juego de Roblox en ese momento. Es como una especie de email, pero ligado a Roblox y a sus cuentas.

DENUNCIAR A LOS QUE NO JUEGAN BIEN

La mayoría de las veces, cuando juegues a Roblox, todo irá genial. Sin embargo, de vez en cuando te encontrarás con alguien que se dedica a fastidiarles el juego a los demás. En ese caso, debes denunciarlo de inmediato.

Estas son algunas de las señales a las que hay que estar atento. Fíjate en los jugadores que hagan lo siguiente:

- Insultar en el chat.
- Mandarte mensajes sin parar y no dejarte en paz.
- Pedirte información personal o detalles de tu cuenta.
- Fastidiarte las partidas.

Si tienes alguno de estos problemas con otro jugador, puedes denunciarlo. Para hacerlo, entra en el menú Opciones y pulsa en la pestaña Denunciar. Fíjate en el nombre de dicho jugador durante la partida y envía un resumen del problema.

No obstante, ten en cuenta que denunciar a un jugador es un poco como chivarse al profesor de un compañero que se porta mal en el colegio. Solo debes hacerlo si se está pasando de verdad. Que una persona no te dé la razón en el chat o que te vaya ganando en el juego no son razones para denunciar.

* * *

Ahora que ya has pasado el rato jugando con los juegos de los demás, puedes intentar construir tu propio mundo. A continuación, empieza la segunda parte, en la que aprenderás todo lo necesario para crear juegos en Roblox.

PARTE 2

CONSTRUIR Y CREAR SCRIPTS

61

CAPÍTULO 3

LAS BASES DE ROBLOX STUDIO

63

Jugar a los juegos de Roblox de otros creadores es, desde luego, muy divertido, pero ¿y si quisieras crear tu propio juego? Para lograrlo solo tienes que utilizar Roblox Studio. De momento, Roblox Studio solo puede usarse en ordenadores. No es compatible con smartphones, tabletas ni videoconsolas. ¡Roblox Studio es un programa con montones de opciones para que personalices tu juego como te apetezca!

Si ya has jugado a algún juego de Roblox, es muy probable que tengas instalado el programa en el ordenador. Seguramente tendrás el icono de acceso en el escritorio. No tienes más que hacer clic sobre dicho icono para abrirlo. Si no lo encuentras, pincha en Crear en el menú superior de la página web de Roblox para acceder a la página de descarga de Roblox Studio o visita esta página web: www.roblox.com/develop. Sigue las instrucciones que aparecen para instalar el programa en tu ordenador.

ENFRENTARTE A ROBLOX STUDIO

Cuando abras Roblox Studio por primera vez, te encontrarás con un montón de cosas. Hay muchísimas opciones para elegir, menús por toda la pantalla y, además, una barbaridad de recursos. ¡Estás en el programa que miles de personas han utilizado para crear esos juegos de Roblox que tanto te gustan! Ahora, te toca a ti.

El interfaz de Roblox Studio es más o menos así:

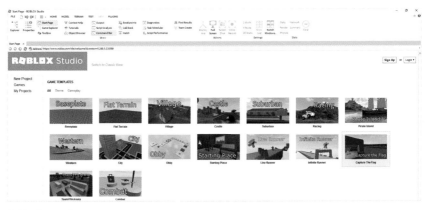

Roblox Corporation
PÁGINA DE INICIO DE ROBLOX STUDIO

Esta es la página de inicio. Cada vez que abras el programa, te encontrarás una página parecida. Es probable que la opción New Project (Proyecto nuevo) esté seleccionada en la parte izquierda, pero también verás las secciones My Games (Mis juegos), donde encontrarás los juegos que ya has acabado, y My projects (Mis proyectos), donde estarán todos los juegos en los que estés trabajando hasta que los termines.

EL MENÚ HOME

En la parte superior de la pantalla, está la barra de menús, que contiene muchos menús como File (Archivo), a la izquierda del todo, seguido de Home (Inicio), Model, etc. Home es el menú que aparece abierto por defecto

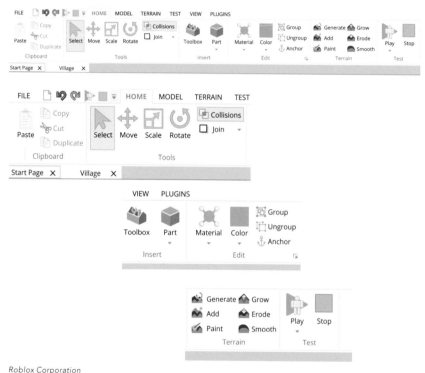

Roblox Corporation
EL MENÚ HOME DE ROBLOX STUDIO

En el menú Home (Inicio), a la izquierda, hay todo tipo de herramientas básicas que vas a necesitar. Te ponemos algunos ejemplos:

CLIPBOARD (PORTAPAPELES)

Esta sección contiene los iconos propios del portapapeles, es decir, que te permiten cortar, copiar, pegar o duplicar objetos en Roblox Studio. Funcionan como cuando escribes en un ordenador o mandas mensajes con el móvil. Puedes utilizar estas opciones para copiar objetos en el interior del juego que estás creando y añadirlos. También puedes cortarlos para borrarlos. Cuando copias o cortas algo, puedes usar Pegar para que el objeto vuelva a aparecer.

TOOLS (HERRAMIENTAS)

A la derecha del Portapapeles, tienes el icono de Herramientas. Select (Seleccionar) sirve para elegir algo, un coche o un árbol, por ejemplo, para utilizarlo en el juego. Por otro lado, Move (Mover) sirve para cambiar de sitio un objeto que ya hayas seleccionado. Scale (Escala) se utiliza para cambiar el tamaño de un objeto. Por último, Rotate (Rotar) te permite girar total o parcialmente un objeto con ayuda de esferas de distintos colores que, si arrastras, recolocarán el objeto en el juego y lo dejarán mirando en un determinado sentido.

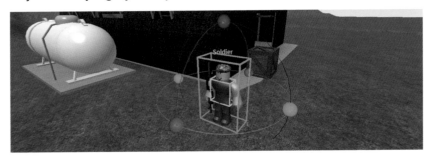

Roblox Corporation
ROTAR UN SOLDADO EN ROBLOX STUDIO

Al lado de la opción Rotate, hay un botón que se llama Collisions. Al activarlo, evitas que los objetos del mundo del juego —por ejemplo, un soldado y el edificio que tiene detrás— se solapen en la pantalla. ¡Se produce una colisión, así que chocan y no pueden avanzar más! Por último, la opción Join (Unir) te permite decidir si los objetos van a estar siempre unidos, solo a veces o nunca.

INSERTAR

La siguiente sección, Insert, es breve, pero muy útil. Si pulsas en Toolbox (Caja de herramientas), se abrirá el panel del mismo nombre en la parte izquierda del programa. Contiene centenares de elementos prefabricados que puedes usar gratis en tus juegos de Roblox, desde coches a casas, pasando por zombis y robots

Roblox Corporation
TOOLBOX, LA CAJA DE HERRAMIENTAS DE ROBLOX STUDIO

En la parte superior izquierda, verás un menú desplegable con muchas categorías distintas como Modelos, Calcomanías o Archivos de audio (Models, Decals and Audio). Hay muchísimas. Sin duda alguna, lo más fácil es elegir uno de estos elementos y personalizarlo para el juego.

Lo único que tienes que hacer es elegir una categoría y escribir en el cuadro

de búsqueda lo que necesitas. Si quieres una casa, no tienes más que escribir «casa» en inglés y elegir una de la lista. En algunas de las casas pondrá «Gratis», pero lo cierto es que puedes usarlas todas gratuitamente. También verás que algunas tienen un pequeño icono naranja. Eso significa que los creadores de Roblox la han elegido como elemento de gran calidad.

BÚSQUEDA DE UNA CASA EN LA TOOLBOX (CAJA DE HERRAMIENTAS)

Si volvemos al nivel anterior, a la sección Insert del menú Home de Roblox Studio, a la derecha del icono de la caja de herramientas encontrarás un icono en el que pone Part (Pieza), con una flechita debajo. Al pulsar en este icono, aparecen cuatro opciones diferentes: Bloque, Esfera, Cuña y Cilindro (Block, Sphere, Wedge y Cylinder). Recuerda que son los bloques con los que se construye casi todo en Roblox. Si quieres construir algo desde cero, como una casa, podrías hacerlo utilizando distintas piezas y uniéndolas con mucho cuidado.

EDITAR

La siguiente sección, si continuamos hacia la derecha, es Edit (Editar) y te permite cambiar cosas en el mundo del juego. El icono Material te permite cambiar el material del que están hechos los objetos. Por ejemplo, podrías seleccionar una caja de madera y después ir a la opción Material y elegir que parezca que está hecha de ladrillos. Justo al lado, tenemos la opción Color, que puedes usar para cambiar el color de los objetos.

USAR LA TOOLBOX

LA CAJA DE HERRAMIENTAS DE ROBLOX STUDIO ES ÚTIL A MÁS NO PODER, PORQUE CUENTA CON UN MONTÓN DE COSAS IMPRESIONANTES Y DE GRAN CALIDAD QUE NO TENDRÁS QUE CREAR DE CERO. NOTA MENTAL: SI CONSTRUYES EL JUEGO EXCLUSIVAMENTE CON RECURSOS DE LA TOOLBOX, ES PROBABLE QUE LA GENTE JUEGUE MENOS CON ÉL, PORQUE NO SERÁ ORIGINAL. VARÍA LOS OBJETOS DISPONIBLES Y CREA LOS TUYOS PROPIOS PARA DARLE UN TOQUE DE EXCLUSIVIDAD. ¡ASÍ EL JUEGO SERÁ TAN ÚNICO COMO TÚ!

Por último, en Edit, encontramos Group, Ungroup y Anchor (Agrupar, Desagrupar y Anclar). Pulsa y arrastra el cursor para seleccionar varias cosas. Después, haz clic sobre Group. De este modo, el conjunto de objetos seguirá unido cuando lo muevas. Ungroup sirve para lo contrario, para separar los elementos. Anchor es otra opción diferente, que evita que un objeto se mueva de donde está.

UN EJEMPLO DE CÓMO SE EDITA

Para ver un ejemplo de cómo se combinan todas estas posibilidades, fíjate una vez más en el soldado de la foto anterior. Observa que lleva pantalones y camiseta verdes, como es habitual en el ejército. Vamos a ponerle una camiseta negra y unos pantalones azules, para que no parezca el típico soldado prefabricado.

Primero hay que hacer clic encima para seleccionarlo. Después, accede a la sección Edit y pulsa Ungroup para separar todos sus componentes. ¡Es cierto! ¡Solo puedes cambiar algunas partes del cuerpo del personaje! Elige partes específicas del soldado, como los brazos, la cara, el cuerpo, etc. Pulsa en el torso, que es donde lleva la camiseta, para seleccionarlo. Ahora vuelve a entrar en Edit, haz clic en Color y elige el negro. ¡Ya lleva una camiseta negra! A continuación, haz clic en las dos piernas y selecciona un azul para cambiarle los pantalones verdes.

AHORA, EL SOLDADO LLEVA CAMISETA NEGRA Y PANTALÓN AZUL

Siguiendo estos pasos, es facilísimo cambiar otros elementos de la Toolbox cuando creas un juego.

Si estás haciendo un juego de carreras, por ejemplo, no te costará nada cambiar el material y el color de los coches para que sean más chulos. También puedes cambiar a los personajes de una multitud para que haya variedad y sea más realista. Con este tipo de cambios, tu juego será más divertido.

TERRAIN (TERRENO)

La sección para elegir terreno, Terrain, aparecerá sombreada si estás trabajando en un proyecto que ya tiene terreno y no podrás usarla. En cambio, si es un proyecto nuevo, podrás usar las opciones de esta sección gracias a la cual el mundo de tu juego de Roblox podrá ser como tú quieras. Hablaremos de ella con más detalles más adelante en este mismo capítulo.

TEST (PRUEBA)

En la parte derecha del menú principal está la sección de pruebas Test. Cuando tengas cosas suficientes en el juego para lanzarte a probarlo, solo tienes que hacer clic en la sección Test. Tu personaje aparecerá en el juego y podrás moverte por él como en cualquier otro juego de Roblox. La opción Play Here (Jugar aquí) te permite decidir dónde quieres empezar la partida de prueba. La opción Run (Arrancar) sirve para que el juego empiece sin que tu personaje entre en el mundo. Viene bien cuando solo quieres saber cómo funcionan las cosas. Por último, pulsa Stop para finalizar la prueba.

MOVERSE POR ROBLOX STUDIO

Además de saber definir los detalles de tu juego (cómo cambiarle el modelo a un personaje o cómo añadir una casa, por ejemplo), tendrás que aprender a moverte por tu mundo para construir y cambiar cosas.

Mientras trabajas en Roblox Studio, no manejas a ningún personaje, así que imagínate que tienes una cámara invisible que enfoca el mundo de tu juego. Cuando Roblox Studio está abierto, puedes mover la cámara con las teclas W, A, S y D, igual que cuando juegas a algo en Roblox. También puedes pulsar el botón izquierdo del ratón y la tecla control a la vez para seleccionar varios objetos. Pulsa y arrastra con el botón derecho del ratón para rotar y girar la cámara. La rueda del ratón te permite acercar y alejar el zoom.

A medida que juegues en Roblox Studio, irás aprendiendo algunos atajos y así evitarás tener que moverte por los menús para hacerlo todo.

EL MENÚ MODEL

Por lo general, no te hará falta pasar de un menú a otro, porque el menú Home tiene casi todo lo que necesitas en el mismo sitio, pero a veces, las herramientas que precisas estarán en otros menús.

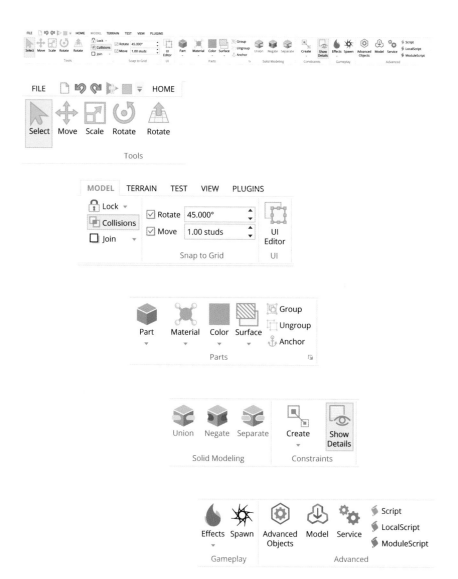

Roblox Corporation
EL MENÚ MODEL DE ROBLOX STUDIO.

La opción Model (Modelos) está situada a la derecha

del menú Home. La primera sección de este menú se llama Tools (Herramientas) y es casi igual que la parte de herramientas del menú Home. La principal diferencia es que ahora cuentas con las opciones Transform, Lock y Join (Transformar, Fijar y Unir). Seguramente no te hará falta usarlas, porque en el fondo no son más que versiones más complicadas de otras funciones como Scale y Group (Escala y Agrupar).

A continuación, hay otro submenú que se llama Snap to Grid (Fijar a cuadrícula), que solo necesitas si vas a hacer juegos avanzados. ¿Ves todas esas líneas de cuadrícula que aparecen en la parte de abajo al seleccionar un objeto en Roblox Studio? Sirven para asignarles un ángulo y una posición exactos a los objetos del mundo. Snap to Grid te ayuda a utilizar las líneas de cuadrícula invisibles del mundo para colocar tus objetos, pero de momento puedes ignorar todo esto.

Explicaremos el resto de las opciones del menú Model en otros capítulos. Por ahora, puedes ignorar Solid Modeling, Constraints, Gameplay y Advanced.

EL MENÚ TERRAIN

El menú Terrain (Terreno) está situado justo a la derecha de Model. Es una de las funciones de Roblox Studio con la que más me gusta jugar, porque te permite cambiar muchísimo el juego en nada de tiempo. Si quieres diseñar un juego con una apariencia más realista, sin ese aspecto tan cuadriculado que caracteriza a la mayoría de los mundos de Roblox, tendrás que usar Terrain.

Roblox Corporation
EL MENÚ TERRAIN DE ROBLOX STUDIO

Esta serie de submenús son sencillos, porque todas las opciones pertenecen a la misma categoría. Para empezar, pulsa donde pone Generate (Generar). Se abrirá una ventana con varias opciones. Elige un mapa de tamaño mediano en Map Size y, después, selecciona los distintos accidentes geográficos o biomas que te interesan. Por ejemplo, yo he elegido agua, llanuras, colinas y montañas. Una vez hecho, pulsa en Generate y verás que el resultado parece hecho por arte de magia.

A medida que Roblox Studio crea tu mundo, puedes acercar y alejar el zoom. Las zonas que antes eran planas tendrán ahora colinas y fluirá un río entre la hierba seca. Las llanuras estarán salpicadas de montes y cordilleras rocosas. Parecerá un entorno real, como sacado de un juego de verdad.

Roblox Corporation
DETALLE DEL TERRENO EN ROBLOX STUDIO

Prueba otra vez, pero ahora selecciona otros accidentes. Por ejemplo, yo quiero mezclarlo todo un poco y voy a seleccionar dunas, cañones, montañas y paisaje volcánico. Pulsa Generate y fíjate otra vez en lo que pasa.

Roblox Corporation
TERRENO MÁS VARIADO EN ROBLOX STUDIO

¿Ves la diferencia? Al cambiar las opciones del recuadro, consigues un terreno completamente distinto para el juego. No obstante, esta es la forma de hacerlo al azar. Ahora toca ponerse manos a la obra y retocarlo:

- **Add:** Si pulsas el icono Add (Añadir), podrás elegir las formas esfera o cubo y el tamaño y la resistencia (Size y Strength) y verás una lista de tipos de terreno. Elige uno. Por defecto, el terreno elegido es hierba. A continuación, coloca el ratón sobre cualquier punto y pincha el botón izquierdo. Allí donde coloques la esfera o el cubo, la herramienta añadirá el terreno seleccionado. Quedará raro que haya bolas de tierra flotando en el cielo, pero si las colocas en el suelo para formar montes y montañas, todo será mucho más lógico. También es un método ideal para sumar variedad en el medioambiente con otras materias como arena, agua, nieve y hielo.

- **Subtract:** Dentro del menú Terrain, verás también la opción Subtract (Quitar), que hace justo lo contrario que la opción Add. Pasa el ratón por la zona que quieres reducir, pulsa el botón izquierdo del ratón y muévelo. Absorbe el terreno como si fuera una aspiradora.

- **Paint:** La opción Paint (Pintar) utiliza el material que seleccionas para crear una capa por encima del mundo. Funciona como si fuera una brocha. Es útil si quieres, por ejemplo, que una montaña solo tenga nevada la cumbre.

- **Grow** y **Erode:** Las opciones Grow y Erode (Desarrollar y Erosionar) son parecidas a Add y Subtract, pero funcionan de forma más sutil. Úsalas cuando, en lugar de añadir grandes trozos de terreno, quieras aumentar o reducir las zonas que ya existen.

Roblox Corporation
UN MONTÍCULO CREADO CON LA OPCIÓN GROW DE ROBLOX STUDIO

- **Smooth:** Conviene usar la opción Smooth (Alisar) después de las anteriores, porque sirve para que las cosas queden mucho más naturales. Por ejemplo, si una montaña te queda muy irregular o has quitado demasiado terreno y el suelo ha quedado lleno de aristas, puedes usar la herramienta Smooth para solucionarlo.

- **Regions:** Por último, tenemos la opción Regions (Zonas). Esta herramienta te permite seleccionar una zona del terreno para luego moverla, copiarla, redimensionarla o rotarla como te parezca conveniente.

De todo lo que puedes hacer con Roblox Studio, las opciones de Terrain son las que menos cuesta entender, pero las que más cuesta dominar. Puedes colocar una montaña, decidir que no te gusta y borrarla. Con la práctica, serás cada vez mejor.

EL MENÚ TEST

Roblox Corporation
EL MENÚ TEST DE ROBLOX STUDIO

Una vez que tengas listo el juego y que sea de verdad jugable (un poco más adelante hablaremos de cómo se hacen los juegos), puedes preocuparte por este menú. De momento, vamos a ser breves.

- **Simulation:** A la izquierda del todo está la sección Simulation (Simulación). Puedes revisar el juego entero con las mismas opciones de Play Here (Jugar aquí) y

Run (Arrancar) que tienes en el menú Home, pero aquí encontrarás también otras alternativas. El siguiente botón es Run Script (Arrancar script) y sirve para poner en marcha un script concreto que hemos preparado para el juego. En un capítulo posterior hablaremos de cómo se escribe un script, pero, de momento, te vale con saber que es como una lista de reglas y órdenes que debe cumplir el ordenador. A continuación, está Pause, que pausará el juego en el momento en que lo pulses, igual que si fuera una película. También hay un botón Stop, que funciona igual que el del menú Home. El resto del menú Test es bastante más complicado. Resumo las posibilidades que ofrece:

- **Clients and Servers:** A la derecha de Simulation, está la sección de servidores y clientes, que sirven para hacer pruebas con otras personas si estás creando un juego multijugador.
- **Emulation:** Después, está Emulation (Emulación), que te permite probar el juego en otros dispositivos como smartphones o tabletas.
- **Audio:** Luego, tenemos la sección Audio, que se encarga… ¡Sí! ¡Del sonido!
- **Analyze:** Esta sección te permite saber cómo afectan las cuestiones físicas al rendimiento del juego. Si pasan demasiadas cosas a la vez, como muchas explosiones o demasiados enemigos en pantalla, por ejemplo, es posible que la partida se ralentice.

EL MENÚ VIEW

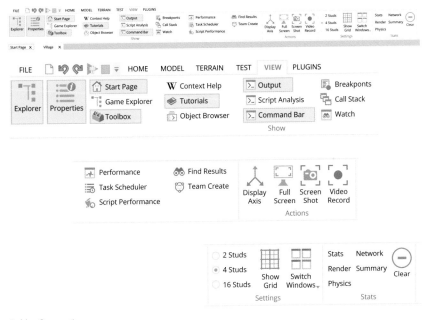

Roblox Corporation
EL MENÚ VIEW DE ROBLOX STUDIO

A continuación, tenemos el menú View, en el que, como veréis, hay muchas cosas. Vamos a repasar las distintas secciones.

SHOW

Muchos de los iconos de este menú sirven para mostrar las distintas funciones de Roblox Studio. Así puedes verlas y ocultarlas mientras estás creando el juego. ¡Por eso la sección Show (Mostrar) del menú View (Ver) es tan grande! Contiene todo lo que puede aparecer en pantalla. Por ejemplo, si pulsas en Explorer, se esconderá el panel de exploración, que seguramente aparecerá por defecto en la parte derecha de la pantalla. Aquí se muestra dónde están guardados todos los detalles de tu proyecto, en qué archivo, en qué orden, etcétera. Puede que no necesites consultarlo constantemente. Si no quieres que ocupe sitio en la pantalla, no tienes más que ocultarlo.

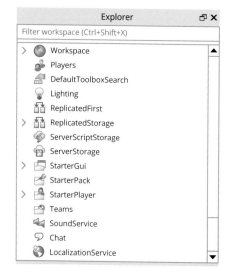

EL PANEL DE EXPLORACIÓN

Justo al lado está Properties (Propiedades). Si pulsas encima, se ocultará el panel del mismo nombre, que, por lo general, aparece también en la parte derecha de la pantalla, justo debajo del panel de exploración. Properties detalla todos los datos que necesitas saber sobre el objeto o elemento que seleccionas en el mundo del juego. Por ejemplo, verás el tamaño del objeto o qué piezas se han utilizado para hacerlo. Por otro lado, si quieres volver a la página de inicio de Roblox Studio, la que has visto al abrir el programa, usa el link Start Page. En Roblox Studio hay varios tutoriales que te ayudarán a conocer mejor todos los menús.

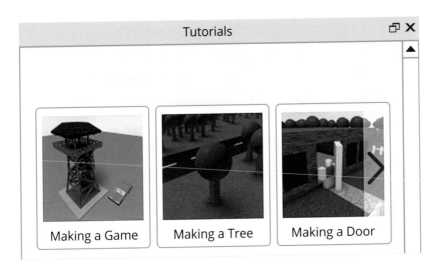

Making a Game   Making a Tree   Making a Door

Roblox Corporation
DIVERSOS TUTORIALES

Puedes tener abierto un tutorial mientras trabajas para aprender más cosas sobre el programa. El resto de las subsecciones, Script Analysis, Call Stack y Script Performance contienen cosas que aprenderás cuando ya se te dé bien hacer juegos.

ACTIONS

En la sección Actions (Acciones), se pueden hacer cosas chulísimas. Si pulsas, por ejemplo, en Full Screen (Pantalla completa), la ventana de Roblox Studio ocupará toda la pantalla y así, podrás ver toda la información posible. El icono Screen Shot te permite hacer un pantallazo del juego en plena acción y el icono Video Record te hará un breve vídeo. Display Axis sirve solo para mostrar la cuadrícula. Puedes ignorar esta opción.

LAS SECCIONES SETTINGS Y STATS

El resto del menú View recoge funciones más complejas relacionadas con la configuración y los cálculos. No tienes que preocuparte por ellas cuando hagas los primeros juegos.

EL MENÚ PLUGINS

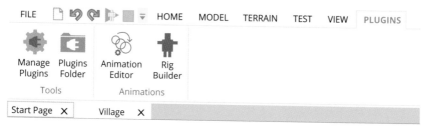

Roblox Corporation
EL MENÚ PLUGINS DE ROBLOX STUDIO.

El ultimo menú de la barra de menús situada en la parte superior de la pantalla de Roblox Studio es el de los plugins. Este menú ofrece funciones todavía más avanzadas de Roblox Studio que podrás estudiar más adelante. De momento, te explicaremos lo básico.

Un plugin es un programita que puede utilizarse para mejorar el juego. Esto es lo que se puede hacer en Roblox Studio desde la sección de plugins:

- **Tools:** Tanto en la página web de Roblox como en los foros, encontrarás plugins que puedes incluir en tu juego para cosas muy distintas. Si pulsas en el icono de Manage plugins (Gestionar plugins), podrás buscar plugins nuevos y ajustar aquellos que ya están instalados en el juego. Pulsa en Plugins Folder (Carpeta de plugins) para ver dónde los tienes guardados. Si es la primera vez que usas Roblox y Roblox Studio, es probable que todavía no tengas ningún plugin.

- **Animations:** En la sección de animaciones, hay un editor de animaciones, Animation Editor, así como la opción Rig Builder. Con el editor de animaciones, puedes crear acciones y movimientos que quieres que los objetos y los personajes realicen en el juego. Por ejemplo, podrías hacer que un soldado, como el del ejemplo anterior, mueva los brazos en el aire cuando huya. Hay que practicar mucho para que las animaciones salgan bien, porque experimentar con los modelos y los personajes lleva mucho tiempo. No es fácil ponerse y que te salga. Aun así, es divertido juguetear con las animaciones para que tus personajes hagan cosas graciosas.

Por último, Rig Builder (Rigging), sirve para crear objetos y personajes nuevos específicos que quieres que se muevan.

* * *

¡Ya hemos hablado de todo lo necesario para que controles las bases de Roblox Studio! El programa es una pasada y ofrece mucho más de lo que parece en un principio. En un abrir y cerrar de ojos, irás saltando de un menú a otro como si nada. Ahora que ya sabes para qué sirven las herramientas, puedes utilizarlas para hacer un juego.

CAPÍTULO 4

HAZ EL PRIMER JUEGO

Hacer un juego con Roblox Studio será fácil en cuanto le hayas cogido el truquillo. ¡A veces, lo más complicado es decidir cómo va a ser el juego! Que no te dé miedo al principio probar distintas ideas y ver qué es divertido y qué no. Aunque hagas un juego y no funcione, no te preocupes. ¡Les pasa hasta a los mejores desarrolladores de videojuegos! Tú inténtalo otra vez. Con cada juego, ganarás en práctica y experiencia. ¡Y esa es la mejor forma de convertirse en un creador de juegos increíble!

DAR CON UNA IDEA

Una de las cosas más chulas de Roblox es que puedes hacer el tipo de videojuego que te apetezca. Por ejemplo, podrías hacer un juego de aventuras de mundo abierto, como los de *LEGO Batman*, un juego de simulación como *SimCity* o *Roller Coaster Tycoon*, juegos de acción como *The Legend of Zelda* o shooters como *Call of Duty*.

Este libro te propone unas cuantas ideas sencillas y de las que se puede aprender, pero después tú puedes buscar las tuyas propias para hacer un juego cien por cien único al que sea una pasada jugar.

Sin embargo, no todas las ideas sirven para Roblox. Tenlo en cuenta. Por ejemplo, es probable que no te resultara nada fácil hacer un juego de plataformas de scroll lateral en 2D, como el Super Mario Bros original, en el que se avanza de un lado a otro en lugar de en tres dimensiones. Como Roblox es una plataforma 3D, no podría ser. Lo que sí podrías hacer es un juego de plataformas en 3D, como Super Mario 64, que es parecido.

Sigue estos pasos para dar con una idea para un videojuego que encaje en Roblox.

ESTUDIA OTROS JUEGOS

Primero piensa a qué tipo de juegos te gusta jugar. Entra en Roblox y busca juegos como el que a ti te gustaría hacer y juega todo lo que puedas. Así sabrás lo que ya existe y qué les gusta a los demás jugadores. También te harás una idea de lo que funciona y de lo que no. Si una cosa no te parece divertida en otros juegos que has probado, es probable que tampoco lo sea en el juego que quieres hacer tú. ¡Además, podrás pensar qué les falta a los juegos que ya han hecho otras personas y añadírselo tú a tu juego!

APUNTA LAS IDEAS

Conviene tener apuntadas las ideas para que no se te olvide nada. Cuando llegues a casa con una idea en la cabeza, apúntala en un cuaderno o en el ordenador. ¿Cuál es el objetivo del juego? ¿Por qué es divertido? ¿Qué tienen que hacer los jugadores? ¿En qué se parece y en qué se diferencia de los juegos que ya existen? Apunta cualquier idea chula que no quieras que se te olvide, aunque no tenga que ver con el juego que estás haciendo en ese momento. ¡Puede que te sirva para otro!

PÍDELES OPINIÓN A TUS AMIGOS

Si te apetece, pregúntales a tus amigos lo que opinan de la idea. Si les parece divertida, es probable que otras personas piensen igual. A lo mejor se les ocurren ideas para que el juego sea todavía mejor. A otras personas les gusta guardar en secreto las ideas hasta que han terminado el juego. ¡También está bien!

CREACIÓN DE JUEGOS PARA NOVATOS

Es probable que este sea el primer juego en el que te embarcas, así que no pretendas hacer un juego digno de un premio de buenas a primeras. Así es como tienes que plantearte el proceso:

1. Busca una idea para el juego.
2. Crea un mundo sencillo para el juego.
3. Haz el terreno.
4. Añade personajes y objetos.
5. Dales algo que hacer a los jugadores (o jugador).

Vamos a empezar por una idea sencilla. Un Obby. En Roblox, Obby es como se conoce a las carreras de obstáculos o a varios retos rápidos que requieran que los jugadores actúen con rapidez y precisión de movimientos. En los videojuegos tradicionales, suelen denominarse juegos de plataforma. Sagas como *Mario*, *Sonic* y *Crash Bandicoot* pertenecen al género de plataformas porque el jugador tiene que saltar de plataforma en plataforma con movimientos rápidos y precisos para superar los niveles.

Hacer un Obby es fácil y puede ser muy divertido. Además, es uno de los géneros más habituales de Roblox. ¡Es perfecto para tu primer juego!

LOS ELEMENTOS DE UN BUEN OBBY DE ROBLOX

Antes de ponerte a hacer un juego, es conveniente pensar cuáles son las partes más importantes. Si, por ejemplo, le dieras a alguien un juego nuevo y le dijeras que es un shooter, sabría antes de entrar que va a tener que explorar, disparar armas y acabar con enemigos o monstruos.

De la misma forma, si un jugador de Roblox se encuentra tu juego en la web y ve que es un Obby, esperará ciertas cosas. Todo Obby de Roblox tiene unas cuantas características clave:

Movimiento

Tiene que ser posible que los jugadores se muevan y salten, como en la mayoría de los juegos de Roblox. En casi ningún Obby hay armas de ninguna clase. Por lo general, ni siquiera tienen muchos enemigos. Lo fundamental en este tipo de juegos es que el jugador sea rápido y evite ciertas cosas en su camino hacia el final.

Obstáculos

Supongo que, a estas alturas, ya has adivinado que el nombre de Obby viene de obstáculo, así que hay que poner obstáculos, por supuesto. Pueden ser plataformas por las que tiene que saltar el jugador, peligrosas trampas que tiene que evitar, grandes extensiones de terreno para explorar o la mezcla de las tres cosas.

Puntos de control

Puesto que los Obby pueden ser muy difíciles, es importante colocar puntos de control por el nivel. De esta manera, en caso de que los jugadores pierdan o mueran, podrán volver a intentarlo desde el último punto de control en lugar de tener que empezar otra vez desde el principio. ¡Cómo fastidia a veces! No es obligatorio poner puntos de control, pero así el juego será mucho más divertido para los jugadores y los animará a seguir jugando una y otra vez.

Objetivo

Los jugadores necesitan una razón para querer pasarse tu Obby. Puede que al final los espere un último punto de control enorme o un mensaje de un personaje que les da la enhorabuena por haber hecho un trabajo sensacional. Con independencia de cuál sea el final, en un buen Obby, al terminar, el jugador siente que ha logrado algo.

CREA UN JUEGO DE ROBLOX SENCILLO EN CINCO PASOS FÁCILES

Cuando te pones a hacer un juego, puedes dedicarle cinco minutos o cinco semanas. Todo depende de lo que quieras hacer. ¡Sigue estos cinco pasos para transformar una plantilla de Roblox aburrida en un juego divertido y obra tuya!

PASO 1. ELIGE UNA PLANTILLA

Una vez abierto Roblox Studio, comprueba si estás en la página de inicio normal. Selecciona la categoría de la izquierda, New Project (Proyecto nuevo). Aquí tienes que elegir All Templates o Gameplay. Una de las opciones será Obby. Verás la imagen de un montón de bloques flotando en el cielo. Haz clic en esa opción para empezar.

Es tu primer juego y así podrás hacerlo más rápido. No tiene sentido empezar de cero, porque esta plantilla ya tiene muchas piezas colocadas. ¿Por qué no la vas a aprovechar?

ATAJOS DEL TECLADO Y DEL RATÓN

SI MANTIENES PULSADO EL BOTÓN DERECHO DEL RATÓN, PUEDES GIRAR LA CÁMARA PARA VERLO MEJOR. UTILIZA LA RUEDA DEL RATÓN PARA ACERCAR Y ALEJAR EL ZOOM. TAMBIÉN PUEDES MOVER LA CÁMARA CON EL TECLADO: HACIA DELANTE CON LA W, HACIA ATRÁS CON LA S, HACIA LA IZQUIERDA CON LA A Y HACIA LA DERECHA CON LA D. PULSA SOBRE LOS OBJETOS Y LOS ICONOS DE LOS MENÚS CON EL BOTÓN IZQUIERDO DEL RATÓN. PULSA EL BOTÓN DERECHO PARA ABRIR LA SECCIÓN DE CADA MENÚ.

PASO 2. JUGUETEA CON LA PLANTILLA

Cuando la plantilla se cargue, verás una imagen más o menos como la siguiente. No hay más que un par de bloques flotando por el cielo. Aunque te parezca una bobada, ponte a jugar sin añadirle nada a la plantilla. Pulsa en la flecha azul que tiene encima la silueta de un avatar de Roblox, en la parte derecha del menú Home. Ya puedes probar el juego.

Roblox Corporation
LA PLANTILLA PARA JUEGOS OBBY

JUGAR EN LA PLANTILLA DEL OBBY

SOLO TIENES QUE USAR LAS TECLAS W, A, S Y D PARA MOVER A TU PERSONAJE. UTILIZA LA BARRA ESPACIADORA PARA SALTAR. TAMBIÉN PUEDES MANTENER PULSADO EL BOTÓN DERECHO DEL RATÓN Y USARLO PARA GIRAR LA CÁMARA DURANTE LA PARTIDA Y VER MEJOR LA PANTALLA. SALTA SOBRE LOS BLOQUES GRISES Y EVITA LOS ROJOS. TOCA LA ESPIRAL PARA ACTIVAR EL PUNTO DE CONTROL.

Al jugar, comprobarás que la plantilla tiene los cuatro elementos de todo buen Obby. Tienes que avanzar y saltar para pasártelo. Hay que evitar los obstáculos, cuenta con puntos de control para orientarte y hay un objetivo al final del nivel. Sin embargo, es evidente que no es muy divertido aún.

PASO 3. EDITA LA PLANTILLA

¿Recuerdas que hemos comentado la importancia de que tu juego destaque entre los demás? Es probable que mucha gente haya usado esta plantilla para hacer un juego. Lo primero que llama la atención es que el fondo es un cielo azul despejado. Eso es lo primero que vamos a cambiar.

Entra en el menú View, en la sección Show. Comprueba que el panel de exploración Explorer está abierto. Si es así, estará a la derecha. Busca Lighting (Luz) y haz clic encima. Tendría que aparecer un cuadro llamado Properties (Propiedades) debajo del anterior.

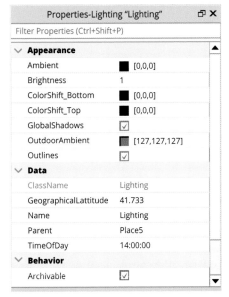

Roblox Corporation
**LIGHTING PROPERTIES
(PROPIEDADES DE LA LUZ)**

La lista de propiedades es larguísima y hay otra igual de larga en todas las categorías que se muestran en Explorer. Hay que descifrar muchas palabras y números, así que, en lugar de volvernos locos, vamos a centrarnos en la sección Data (Datos). Al final de esta sección, encontramos TimeOfDay (Hora). La hora que aparece por defecto en la plantilla son las 14.00.00 (Hora militar, en un reloj de 24 h). Las 14.00 equivalen a las dos de la tarde. Como la plantilla está pensada para que el juego se desarrolle a primera hora de la tarde, el cielo está azul. Para que tu juego sea distinto, vamos a hacer que anochezca. Solo tienes que pulsar sobre 14.00.00 y escribir otra hora, las 20.00.00, por ejemplo, que son las ocho de la tarde. Después, pulsa intro. Ahora, el cielo debería verse entre morado y negro, de un tono agradable.

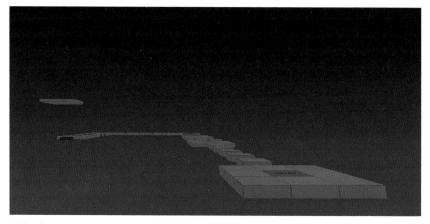

Roblox Corporation
LA PLANTILLA DEL OBBY CON UN CIELO NOCTURNO DE FONDO

Fíjate en lo fácil que ha sido cambiarlo y en lo diferente que está la plantilla. Ya que estamos con los cambios visuales, vamos a hacer un par de cambios más. Los pasos son parecidos a los que hemos seguido para editar al soldado en el capítulo 3. En este momento, los bloques por los que tienes que caminar en la plantilla son grises y los que tienes que evitar, rojos. Vamos a cambiar los bloques buenos a rojo normal y los malos, a rojo fosforito para que destaquen más en el cielo nocturno.

Primero, aleja el zoom para que veas casi todo el nivel de un vistazo. Pulsa el botón izquierdo del ratón y arrastra para formar un recuadro que abarque varios bloques blancos. De esta forma, puedes cambiarlos todos a la vez en lugar de hacerlo de uno en uno. También puedes tener pulsado el botón Ctrl del teclado y después, pulsar sobre cada uno de los bloques para formar un grupo antes de hacer los cambios.

En el menú Home, busca la sección Edit. Pulsa en Material y elige Brick (Ladrillo). Ahora, pulsa en Color y elige otro color. Prueba con algún tono de rojo oscuro como el carmesí o el granate para que el ladrillo sea como los de verdad. Luego, selecciona y repite la operación con el resto de los bloques seguros. También puedes cambiar el bloque de salida. Yo he elegido Neon (Neón) como material y un amarillo en tono chillón.

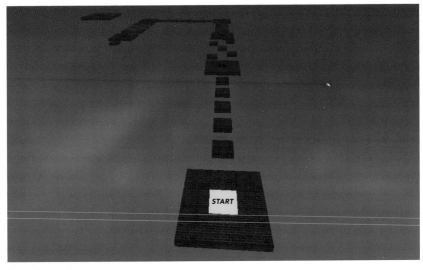

Roblox Corporation
LA PLANTILLA DEL OBBY CON LOS BLOQUES DE LADRILLO

Hum. Me parece que hacer los bloques de ladrillo rojo no es una buena solución. Los bloques peligrosos se parecen demasiado a los seguros. Además, los bloques morados que rebotan son demasiado oscuros y no resaltan nada, así que vamos a cambiarlos también.

Vuelve a seleccionar los bloques malos y cambia el material a Neon (Neón) y elige un rojo muy rojo para que destaquen mucho. Para los bloques que rebotan, elige un azul. Así se ve la diferencia. Ahora verás que los colores contrastan más. ¡Este mundo ya es muy distinto al de la plantilla!

Roblox Corporation
LA PLANTILLA DEL OBBY TRAS CAMBIAR LOS COLORES

No está mal para haber cambiado solo un poco los colores.

PASO 4. CAMBIAR LOS OBSTÁCULOS

El nivel ya es diferente con el fondo y los bloques nuevos, pero en realidad, sigue siendo el mismo. Si alguien ha jugado en esta plantilla, ya sabrá lo que tiene que hacer. Tienes que cambiarla de verdad. Para ello, añade y construye cosas nuevas en el juego.

Empieza por cosas fáciles y ve aumentando la dificultad poco a poco. Selecciona uno de los ladrillos seguros y pulsa en Copy (Copiar). Ahora, ve al fondo del nivel y pulsa Paste (Pegar). Aparecerá un bloque nuevo. Colócalo donde te parezca conveniente y añade más bloques para ampliar el nivel. También puedes utilizar distintos tipos de bloques. Sigue construyendo. Así de fácil es construir a partir de una plantilla y crear un nivel personalizado.

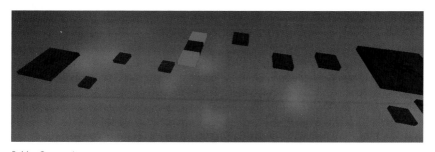

Roblox Corporation
LA PLANTILLA DEL OBBY TRAS AÑADIR MÁS PLATAFORMAS

Esta imagen es un ejemplo de cómo podrías ampliar el nivel. Yo he colocado unos cuantos bloques de ladrillo flotantes delante del punto de control y he añadido un punto difícil, con un bloque de neón rojo de los malos a cada lado. Justo después hay bloques trampolín que el jugador tendrá que usar para llegar al próximo punto de control.

He seguido la línea de la plantilla, pero al colocar bloques nuevos, le he añadido mi propio toque: se puede botar de un bloque trampolín a otro. Eso no estaba en la plantilla. A partir de esta base, podrías crear un Obby todavía más complicado, con elementos difíciles y emocionantes que los jugadores tendrán que superar.

PASO 5. ¡A PROBAR EL JUEGO!

Cuando haces un juego, y sobre todo si puede llegar a ser tan complejo como un Obby, es importante que juegues a tu propia obra sin parar y que compruebes que no es demasiado difícil. También deberías pedirles a tus amigos y a tu familia que lo prueben. Esto se llama Testing y todos los desarrolladores del mundo llevan a cabo este proceso para que sus juegos sean divertidos para todos. Cuando pruebes el juego, te apetecerá ajustar algunas cosas y añadir o borrar otras. En ese caso, haz los cambios pertinentes y vuelve a probar el juego.

* * *

¡Fíjate! ¡Ya has creado oficialmente tu primer juego de Roblox! Enhorabuena. Ahora, vamos a avanzar otro poco y a aprender a construir mundos. Las carreras de obstáculos flotantes son divertidas, pero crear mundos enteros para explorarlos es todavía mejor.

CAPÍTULO 5

CONSTRUIR MUNDOS

Es probable que el primer juego que hagas sea muy sencillo. Es normal. Tuviste que aprender a gatear antes de andar. Con los juegos de Roblox pasa lo mismo. En este capítulo, vamos a enseñarte a construir mundos y por qué son tan importantes para los juegos. También aprenderás a:

- Diseñar mundos de aspecto realista.
- Decidir lo grande o pequeño que va a ser el juego o el nivel de Roblox.
- Hacer los juegos más rápido reutilizando objetos y entornos sin que sea muy repetitivo.
- Crear mundos de estilo diferente para cada género.

¿QUÉ ASPECTO TENDRÁ TU MUNDO?

Uno de los pasos más importantes y primordiales cuando estás dando forma a la idea para el juego es pensar en cómo encajaría en un mundo mayor. Con mundo, no me refiero solo a la Tierra, sino que lo digo en el sentido de decorado en general. Por ejemplo, los mundos de Star Wars, Harry Potter y Pokémon son todos distintos y es probable que te suenen. Los creadores de estas realidades trabajaron mucho en el mundo para que las historias cobraran vida. Se inventaron los distintos paisajes del universo, a una serie de personajes y a su familia y un pasado que nos interesa conocer.

Seguramente, ese juego sencillo de Roblox que has hecho no se convertirá en el próximo Harry Potter ni nada parecido, pero si quieres que el juego sea lo mejor posible, tendrías que esforzarte y hacer un mundo chulísimo.

DISEÑAR UN MUNDO

Tanto si tu idea es hacer un juego enorme o un grupo de juegos más pequeños, deberías plantearte cómo enlazarlo todo. Para un creador de juegos, lo más importante a la hora de construir un mundo es pensarlo como si fueras el jugador. ¿El juego tiene una temática concreta? ¿Es un reino medieval o un planeta del espacio exterior? ¿Qué te parecería divertido e interesante? ¿Qué te impulsaría a seguir jugando? Es complicado acordarse de todos los detalles que se te ocurren, así que a lo mejor te viene bien apuntarlo todo. Hasta puedes dibujar partes de tu mundo en papel para ver cómo quedarían.

PRIMERAS IMPRESIONES

DEDICA UN BUEN RATO A IMAGINAR QUÉ ES LO QUE VERÁN EXACTAMENTE LOS JUGADORES CUANDO ENTREN EN EL JUEGO. ESE PRIMER MOMENTO INFLUIRÁ EN LA IDEA QUE SE HARÁN DEL JUEGO ENTERO.

- Cuando estés ideando el mundo en el que transcurrirá el juego, piensa lo siguiente:
- ¿En qué tipo de planeta sucede todo? ¿Cómo es el paisaje?
- ¿Cómo son sus habitantes?
- ¿A qué dedican el día?

Cuando creas un mundo pensado al detalle, puedes incluso diseñar distintas clases de juegos para incluirlos en él. Por ejemplo, podrías usarlo para un juego de carreras, un Obby (una carrera de obstáculos con plataformas y trampas) o uno de acción.

EL TAMAÑO DEL MUNDO

Te puedes imaginar el tamaño del mundo de dos formas distintas:

1. Puedes coger una idea sencilla y construir algo más grande a partir de ella.

2. Puedes idear un mundo grande desde el principio e ir añadiendo los detalles a medida que avanzas.

¡Lo mejor de todo es que no hay una forma correcta ni incorrecta de hacer un mundo! ¡Al fin y al cabo, es tuyo!

REUTILIZAR MATERIALES PARA SIMPLIFICAR

Una de las cosas más inteligentes que puedes hacer como diseñador de juegos es buscar formas de hacerte la vida más fácil. Por ejemplo:

- No hagas cosas que no tienes por qué hacer más de una vez: ¡Usa las opciones de cortar y pegar siempre que puedas!
- Procura no perder el tiempo con detalles sin importancia. No te vuelvas loco con cosas como el color de un objeto antes de empezar siquiera a trabajar en el interior del juego.

Si te pasas toda la tarde, por ejemplo, construyendo un modelo de casa nuevo para la ciudad del juego que estás haciendo, no empieces de cero cuando hagas la siguiente casa. Coge la que ya tienes y ajusta la distribución, el color y el material para que sea novedosa y única sin que le hayas dedicado demasiado tiempo.

Encontrarás más trucos y consejos para personalizar por complete tu juego sin matarte en el capítulo 13.

CONVERTIR EL MUNDO QUE HAS IMAGINADO EN UN MUNDO ROBLOX

Ha llegado el momento de trasladar al ordenador esas ideas tan brillantes. Abre Roblox Studio y empezamos.

La primera vez que abras Roblox Studio, en el centro de la pantalla, verás un espacio muy grande con plantillas de distintos tipos con las que puedes empezar. Para construir un mundo de cero, por lo general, lo mejor es elegir las plantillas Baseplate (Base) o Flat Terrain (Terreno llano).

JUEGOS FRENTE A ESPACIOS

Cuando empiezas a usar el programa, las plantillas de juegos son muy buen punto de partida. Es importante que tengas en cuenta que cuando estás trabajando en un juego, el lugar que has construido y en el que has creado objetos es un espacio. No todos los espacios de Roblox son juegos como tal, pero todos los juegos empezaron siendo un espacio. Una vez dentro de Roblox Studio, pulsa My Projects (Mis proyectos), la opción que está debajo de New (Nuevo) y My Games (Mis juegos), y verás un archivo con tu nombre de usuario, porque es tu sitio personal, tu espacio. Aquí podrás construir tu propia casa, una ciudad o lo que te apetezca para crear tu propio mundo pequeñito en Roblox, y la gente podrá visitarlo.

FLAT TERRAIN, UN LIENZO EN BLANCO DE ROBLOX STUDIO.

Ahora, vamos a crear algo. En esta imagen, estás viendo la plantilla Flat Terrain vacía. En la parte superior de la pantalla verás una lista de opciones con diferentes pestañas y columnas. Como esta plantilla es aburrida a más no poder, añade para empezar algún accidente geográfico interesante. Pulsa el menú Terrain (Terreno) para ver un montón de opciones como Generate, Add, Subtract, etc. A esto es a lo que más tiempo dedicarás cuando empieces a crear mundos en Roblox. Lánzate y adapta el terreno a lo que has ideado.

LLENA TU MUNDO

Recuerda la temática que has elegido, si es que lo has hecho. A mí, personalmente, me gustan los reinos de fantasía, así que voy a usar uno de ejemplo. Después de crear un terreno único con montes, montañas y un río, ya estoy preparado para colocar un castillo y empezar a construir un pequeño reino. Después de entrar en el menú Home y pulsar Toolbox, puedo buscar los castillos y elegir cualquiera que encaje en el ambiente que quiero para el juego. Es bueno colocarlo cerca del agua, porque además de poder poner un puente, me servirá de defensa para el castillo.

Roblox Corporation
UN EJEMPLO DE UN REINO HECHO RÁPIDAMENTE EN ROBLOX STUDIO

Al añadir otros elementos, como unas gárgolas cerca de la entrada o una estatua de un héroe en un montículo que hay frente al castillo, el escenario será mucho más interesante. Ahora, en lugar de ser un castillo plantado en mitad de Roblox, parece parte de un mundo mucho mayor. Ese es el potencial que tiene la creación de mundos. Presta atención a los pequeños detalles, porque son importantísimos hasta para un juego muy pequeño. Si no, carecerá de un argumento interesante y pormenorizado.

Algunas cosas que podrías hacer para expandir un sitio como este son:

- Excavar una cueva en una de las montañas y colocar allí un tesoro para que lo encuentre un aventurero.
- Añadir misiones y personajes no jugables en el reino (Trataremos el tema en capítulos posteriores del libro).
- Construir unas cuantas casas para formar una aldea alrededor del castillo.

¡Y casi sin darte cuenta, tu mundo empezará a cobrar vida!

* * *

Ahora que ya has empezado a construir tu propio mundo, es importante que pienses cómo y con qué lo vas a llenar. A continuación, detallaremos los pasos que hay que dar para hacer tus propios modelos y para personalizar los elementos de la Toolbox, la caja de herramientas.

CAPÍTULO 6

CONSTRUIR OBJETOS

¿Te duele la cabeza de tanto esforzarte en llevar tu mundo imaginario a Roblox? ¡Si no te duele, es que no eres humano! Saber cómo materializar esas ideas tan increíbles que tienes en un formato digital como Roblox no es fácil. Hace falta mucha creatividad, trabajo y determinación para elaborar algo con energía suficiente para que los jugadores no pierdan interés.

Por muy interesante que sea tu mundo, no será divertido si no hay nada con lo que interactuar: personas con las que hablar, enemigos contra los que luchar u obstáculos para evitar. Aquí es donde entran en juego los objetos de Roblox. En este capítulo, aprenderás, entre otras cosas:

- A personalizar objetos de la Toolbox.
- A conocer los distintos tipos de objetos de Roblox.
- A saber de qué están hechos los objetos.
- A guardar y utilizar tus propios objetos personalizados.

¿POR QUÉ LA CAJA DE HERRAMIENTAS DE ROBLOX ES TAN BUENA?

Roblox Studio cuenta con un montón de botones y menús. Centrarse en el menú Toolbox, la caja de herramientas, es la forma ideal de no complicarse al principio.

Roblox Corporation
BUSCANDO UN COCHE EN LA CAJA DE HERRAMIENTAS DE ROBLOX STUDIO

La sección Toolbox está llena de plantillas y de elementos ya hechos que podrás utilizar gratuitamente en tus juegos. ¿Qué te apetece hacer?

- ¿Un juego en el que conduces por una ciudad? En ese caso, escribe Car o Coche en la barra de búsqueda de la Toolbox, a ver qué aparece.
- ¿Un Obby en el que haya un dragón enorme sentado en un saliente cercano para que mole más? ¡Busca uno!

- ¿Construir una ciudad inmensa para que la exploren los jugadores y que tenga unos cuantos rascacielos? Prueba a buscar por Edificio de oficinas, Office building o incluso Rascacielos.

Lo mejor de la sección Toolbox es que no tienes por qué usar lo que ves tal y como aparece allí. Cuando hayas colocado un objeto en el juego, puedes personalizarlo y variarlo todo lo que quieras (color, material, etc.) De hecho, deberías cambiarlos si tienes pensado publicar el juego en la página web de Roblox. Si solo aparecen objetos modelo de la caja de herramientas, es menos probable que los jugadores recomienden tu juego, porque parecerá que te has esforzado poco para hacerlo único.

DIFERENTES TIPOS DE OBJETOS

Roblox te ofrece montones de objetos y elementos para que los uses, tales como:
- Animales: desde dragones a osos pasando por canguros y serpientes.
- Vehículos como coches, camionetas, aviones y helicópteros.
- Elementos de carácter militar, como búnkeres, soldados y tanques.
- Elementos de temática fantástica, como caballeros, castillos y magos.
- Cosas espeluznantes: fantasmas, zombis y todo tipo de monstruos.

- Edificios para construir una ciudad, tales como viviendas, colegios y bancos.
- Elementos para diseñar el interior de un edificio, como muebles, televisores y electrodomésticos.
- Armas tales como espadas y lanzacohetes.
- Elementos que no tienen nada que ver con nada, como payasos, spinners o cuadros.

El término objetos puede referirse a muchas cosas en el interior de Roblox Studio, pero en este capítulo nos limitaremos a hablar de las cosas que se hacen con bloques y otras piezas en el juego.

¿DE QUÉ ESTÁN HECHOS LOS OBJETOS?

Todos los modelos de Roblox se hacen con las mismas piezas estándar: bloques, cilindros, esferas y cuñas. Solo tienes que ser creativo para combinar formas y tamaños y ajustar las figuras para que encajen con originalidad. Nadie diría que todas las casas, los coches y los caballos se hicieron en Roblox a partir de las mismas piezas estándar.

CÓMO CREAR TUS PROPIOS OBJETOS

Cuando estés construyendo tu mundo en Roblox, no siempre encontrarás exactamente lo que buscas en la Toolbox. En ese caso, te apetecerá hacerlo de cero.

MODELOS

YO HE DENOMINADO A LAS COSAS DE ROBLOX STUDIO OBJETOS, PERO VERÁS QUE EN EL PROGRAMA ALGUNAS COSAS APARECEN COMO MODELS O MODELOS. LOS MODELOS SON COLECCIONES DE PIEZAS QUE SE AGRUPAN Y SE CUELGAN EN ROBLOX PARA QUE LOS DESCARGUEN LOS USUARIOS. POR ESO, AUNQUE UN COCHE, UNA CASA O UN SOLDADO DE LA TOOLBOX SE CLASIFIQUEN COMO MODELO, TAMBIÉN SON OBJETOS. POR EJEMPLO, UN SOLO LADRILLO ES UN OBJETO Y UN MONTÓN DE LADRILLOS QUE USAS PARA HACER ALGO GRANDE ES OTRO OBJETO, PERO UNA VEZ QUE LO TERMINAS Y LO CARGAS EN LA TOOLBOX (O QUE TE DESCARGAS UN OBJETO TERMINADO DE LA TOOLBOX PARA UN PROYECTO) SE CONSIDERA QUE ES UN MODELO.

Imaginemos que estás construyendo una ciudad normal y corriente con casas, carreteras, coches y todo lo que suele haber. Necesitarás muebles para las casas, ¿verdad? En el interior de cualquier casa, habría cosas como sofás, mesas, sillas, etc. Pues pongamos por ejemplo que no hay ninguna mesa de madera sencilla en la Toolbox. (Sí que las hay, pero vamos a fingir que no para que aprendas a hacer un modelo.)

HACER UNA MESA SENCILLA

Para hacer una mesa, a mí me gusta empezar por las patas.

Empieza a partir de un solo bloque

Ve al menú Model, que está en la parte superior de Roblox Studio. Busca la sección Parts (Piezas) y pulsa en el botón Part para ver el menú desplegable. Elige Block (Bloque). Aparecerá en el suelo algo parecido a una pieza de Lego muy grande.

Roblox Corporation
EL PUNTO DE PARTIDA DE TODO OBJETO DE ROBLOX

Ahora vas a tener que hacerle un montón de cambios. Ni el tamaño ni la forma ni el color ni el material son los adecuados. ¡No se parece en nada a la pata de una mesa de una casa cualquiera! Primero, vamos a cambiar el material y el color, que es lo más fácil.

Cambiar el material y el color

Pulsa sobre el bloque y vuelve a la parte de arriba del menú Model otra vez. Busca la sección Parts (Piezas). Pulsa la flechita que hay debajo de Material para que se abra el desplegable y elige Wood (Madera). Así cambiará la textura del bloque.

Ahora haz clic sobre la flechita que hay debajo de Color y elige un marrón oscuro bonito. Por ejemplo, yo he elegido el que se llama Rust.

Cambia la superficie

Aún tenemos que resolver un problema gordo. La parte de arriba del bloque sique teniendo unos círculos, como las piezas del Lego. Para cambiarlo, ve al menú Model y busca la sección Parts (Piezas). Pulsa en la flechita que hay debajo de Surface (Superficie) y elige Smooth (Alisar). A continuación, pulsa la parte superior del bloque para cambiar el diseño de la superficie. Ya tendría que ser un rectángulo de madera muy grande.

Roblox Corporation
UN PRIMER BLOQUE EDITADO PARA QUE PAREZCA DE MADERA

Lo básico está. Ahora solo tenemos que ajustar el bloque para que empiece a parecer la pata de una mesa.

Cambiar la altura

Ve al menú Model y busca la sección Tools (Herramientas), que está en la esquina superior izquierda de Roblox Studio. Pulsa en el botón Scale (Escala) y luego, sobre el bloque. Verás unos círculos verdes, azules y rojos flotando.

Cada uno representa una dirección distinta en la que puedes arrastrar para cambiar la forma del bloque. Para empezar, elige el círculo verde que hay sobre el bloque y arrástralo hacia arriba para que el bloque sea más alto. Ya tiene más o menos la altura de una mesa normal.

Cambiar el ancho

Ahora, pincha sobre un círculo rojo para que el bloque sea más fino, como la pata de una mesa. A continuación, haz lo mismo con el círculo azul. El bloque será ahora más bien alto a la vez que grueso y rectangular. Sin embargo, las patas de la mayoría de las mesas que he visto son mucho más finas, así que vamos a mejorarlas más aún.

Pulsa en el bloque y ve a la parte derecha de la pantalla. En teoría, aparecerán dos paneles. El panel inferior se llama Properties-Part (Propiedades-Pieza). Baja hasta que veas la palabra Part en negrita. Comprueba que la flecha que hay a la izquierda de Part mira hacia abajo. Eso significa que la sección está abierta. Pulsa en la flecha que hay debajo de la subsección Size (Tamaño) para ampliarla. Deberías ver una lista con las letras X, Y y Z. Si has hecho alguna vez gráficas en clase de mates, esto es lo mismo. Piensa que los números son el eje de la gráfica y el bloque que estás variando, la gráfica.

El número de la X determina la distancia entre los círculos rojos. El número de la Y, la distancia entre los círculos verdes, y el número de la Z, la distancia entre los azules. Como la Y, la altura, ya es correcta (el número debería ser

2), no hace falta cambiarla. Olvídate de esa letra. Lo que tienes que cambiar son los números de la X y la Z. Pulsa en el número que hay junto a la X y escribe 0.5. Pulsa intro. Repite la operación con la Z. Ahora, el bloque es más delgado, como la pata de una mesa normal.

Roblox Corporation
UNA PATA DE MESA ALTA Y FINA HECHA EN ROBLOX STUDIO

Copia la pata tres veces

Hacer la pata nos ha llevado un rato y nos hacen falta otras tres, pero no vamos a repetir el proceso. Lo que haremos es copiar y pegar la pata. Pulsa en el menú Home y ve a la sección del portapapeles, que está en la esquina superior izquierda de Roblox Studio. Pulsa en la pata de la mesa y haz clic en Copy (Copiar). También puedes usar las teclas Ctrl y C del teclado, como atajo. Ahora, dale tres veces a Paste (Pegar) para generar tres patas en fila. Para colocar las patas, pulsa sobre cada una y arrástrala hasta el sitio adecuado del suelo. Ponlas a una distancia suficiente para que se pueda colocar un tablero encima.

CUATRO PATAS LISTAS PARA COLOCAR EL TABLERO DE LA MESA

Añade el tablero de la mesa

¡Ya casi hemos terminado! Solo nos falta hacer el tablero de la mesa.

Pega otra pata más, pero colócala sobre otra de las patas. Da igual una que otra, pero yo voy a utilizar la pata izquierda de abajo.

Ahora tenemos que cambiar el número de la Y de este bloque a 0.5 para que sea fino como el tablero de una mesa. Puedes ajustarlo ligeramente para alinearlo bien con la pata. Pulsa en el menú Model y busca la sección Snap to Grid (Fijar a cuadrícula). Desactiva la casilla que hay al lado de Move. Ya puedes mover libremente el objeto para colocarlo en su sitio. Cuando termines, vuelve a marcar la casilla Move.

Una vez bien alineado, separa los círculos azules y rojos para que el tablero de la mesa llegue a las otras patas. ¡Ya deberías tener una mesa bien bonita para una casa moderna!

Añade un detalle

Puedes coger un jarrón con flores de la Toolbox y colocarlo encima.

Roblox Corporation
UNA MESA DE COMEDOR COMPLETA DE ROBLOX STUDIO

¡Como pasa con todo en esta vida, hace falta tiempo y práctica para que se te dé bien hacer objetos en Roblox! Cuando más practiques, más fácil te resultará hacerlos y menos tardarás.

CÓMO SUBIR TU MODELO A ROBLOX EN TRES SENCILLOS PASOS

¡La mesa está lista! Ha quedado fenomenal, pero solo existe en el interior de este juego que estás haciendo ahora. No te apetecerá tener que construir la mesa otra vez —ni ningún otro modelo que hagas— cada vez que quieras usarlo, ¿no? Por eso tienes que guardarlo y subirlo a la página de Roblox.

PASO 1: AGRÚPALO TODO

En primer lugar, no te olvides de seleccionar todas las piezas que forman el objeto. Empieza por seleccionar las piezas una por una: las patas, el tablero y el jarrón. Cuando esté todo seleccionado, pulsa en el menú Home y busca la sección Edit (Editar). Elige Group (Agrupar) y todas las piezas se unirán. Ahora, cuando muevas o utilices la mesa, todo se quedará así, tal y como estaba antes de moverla.

Roblox Corporation
LA MESA SELECCIONADA EN ROBLOX STUDIO

PASO 2: NÓMBRALO

Para guardar la mesa para siempre en Roblox (después de agrupar las piezas), tienes que pulsar encima para seleccionarla. Después, busca el panel de exploración que está en la parte derecha de Roblox Studio. En ese panel, que se llama Explorer, busca el icono de Model, una barra azul. Pulsa sobre la barra y cámbiale el nombre por el que quieras. Yo le voy a poner Mesa de comedor con flores para ser muy preciso, como podéis ver en la imagen.

PASO 3: ¡GUARDAR!

Ahora coloca el ratón sobre el nombre nuevo, pulsa el botón derecho y selecciona Save to Roblox. ¡Así la mesa se quedará guardada en Roblox para siempre! Si no quieres que sea pública, guárdalo en otra carpeta con la opción Save to File.

Sigue los cuadros de diálogo. Cuando veas el icono llamado Create New (Crear nuevo), con un par de llaves inglesas cruzadas, púlsalo. Aparecerá una ventana para añadir los datos básicos y en la que puedes dar detalles como el nombre, la descripción y el tipo de género. Como veréis, yo he marcado Building (Construcción) en el apartado Genre (Género), porque es probable que use la mesa cuando construya un edificio en Roblox Studio.

Pulsa Finish (Finalizar) y la mesa se cargará en los servidores de Roblox, donde, además de ti, podrán usarla tus amigos y hasta completos desconocidos.

Roblox Corporation
LA VENTANA DONDE SE GUARDAN LOS MODELOS EN ROBLOX STUDIO

HACER MÁS OBJETOS PARA PRACTICAR

Con estos sencillos pasos puedes construir todo tipo de cosas en Roblox. También te permiten:

- Colocar las piezas que componen un objeto.
- Cambiar el material y el color de un objeto.
- Ajustar el tamaño de un objeto.
- Montar un objeto a partir de las piezas.

La próxima vez que quieras crear un objeto, prueba a hacer cosas con la esfera, la cuña o el cilindro en lugar de con un bloque. ¡Ser un experto en modelos hará que tus juegos sean únicos, así que practica sin parar!

CREAR SILLAS

Para practicar un poco más, vamos a hacer unas sillas para la mesa.

Elige una pieza para empezar

Como ya hemos decidido qué material y qué color queremos, vamos a copiarlo. Para empezar, selecciona la mesa. Pulsa en el menú Home y busca la sección Edit (Editar). Haz clic en la opción Ungroup (Desagrupar). Ya has separado las partes de la mesa y puedes elegir las que quieras. Selecciona una de las patas y cópiala. A continuación, pégala. Muévela hasta el lado en el que quieres poner la primera silla.

Cambiar el tamaño

Pulsa en la pata de silla que acabas de crear. Ahora ve al panel Properties-Part que está en la parte derecha de Roblox Studio. Busca una vez más la sección Size. Pon cifras aún más bajas en la X y la Z. 0.25 debería ser adecuado para las patas de una silla. Ya que estás, cambia la Y a 1 para que la silla quepa debajo de la mesa.

Copia y pega la pata que has hecho para tener cuatro formando un cuadrado, como las patas de cualquier silla de comedor real.

Hacer el asiento

Ahora, coge el tablero de la mesa. Cópialo y colócalo encima de las cuatro patas de la silla. Ajusta los valores X, Y y Z hasta que el asiento tenga el tamaño adecuado. Después, muévelo hasta que descanse sobre las cuatro patas.

Haz el respaldo

Y ahora, el toque final: el respaldo. Haz una copia del asiento de la silla. Cambia el tamaño y gíralo para que, en lugar de descansar en horizontal sobre las patas, quede en vertical, como el respaldo de la silla.

También puedes añadir encima del asiento otra capa finita de color azul oscuro y de tela. ¡Parecerá un cojín! Ya puedes hacer copias de la silla terminada para tener todas las que quieras. Yo he decidido hacer seis sillas y colocarlas alrededor de la mesa.

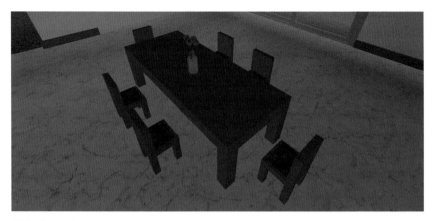

Roblox Corporation
UNA MESA CON SILLAS DE MADERA COLOCADAS EN UNA CASA

* * *

Ya sabes hacer modelos en Roblox. Podrías pasarte horas, días e incluso semanas construyendo cosas chulas y cargándolas en Roblox para que tanto otros jugadores como tú las uséis.

CAPÍTULO 7

TÉCNICAS AVANZADAS DE CONSTRUCCIÓN

133

Ahora que ya sabes cómo se construyen los mundos y cómo se crean los objetos de los juegos, puedes pasar a aprender técnicas más avanzadas de creación de juegos en Roblox. Este capítulo te ayudará a que tu juego pase de ser muy sencillo a divertidísimo. Aquí vas a aprender a:

- Crear un mundo Roblox lleno de objetos interesantes que harás de cero, desde coches hasta islas que flotan en el cielo.
- Ampliar las posibilidades del primer juego que has hecho (ver capítulo 4).
- Hacer un segundo juego en el que aplicarás toda la información que te hemos dado hasta ahora.

IDEAS DE CONSTRUCCIÓN MÁS AVANZADAS

Piensa en todo lo que hemos explicado en el libro hasta ahora como si fueras el personaje de un videojuego y tuvieras que cumplir con una lista de misiones. Ya eres fuerte y tienes puntos suficientes para emprender una aventura épica.

Podrías utilizar Roblox como un simulador digital de Lego y limitarte a crear objetos, pero te perderías un montón de cosas. ¡Ha llegado el momento de exprimir las posibilidades de la plataforma para hacer cosas increíbles!

CREA UN MUNDO DE CERO

En los capítulos anteriores, hemos trabajado sobre todo con las plantillas que tiene disponibles Roblox Studio, pero cualquier jugador que haya dedicado muchas horas a Roblox reconocerá las plantillas de inmediato, y no nos apetece que eso suceda de ninguna de las maneras. Queremos que tu juego lleve tu firma. Esta vez, vamos a crear algo único de cero.

Vamos a hacer, como ejemplo, algo chulísimo, algo distinto que no encontrarás en ningún otro sitio. ¿Qué te parecería un mundo lleno de islas que flotan por el cielo sobre un lago de lava ardiente? Vamos a probar.

CREAR UN LAGO DE LAVA

Como vas a empezar de cero, abre Roblox Studio y elige la plantilla Flat Terrain. Entrarás en un campo verde enorme a partir del que podrás trabajar.

Ahora pulsa en Terrain, dentro del menú Home y cuando se abra una ventana, elige Generate. Verás debajo un menú con un montón de opciones, tales como Mountains (Montañas), Hills (Montículos), Canyons (Cañones), etc. Elige las que te interesen y luego, pulsa el botón Generate (Generar).

Ahora que tenemos un mundo, podemos personalizarlo. Podrías cubrirlo todo de lava, pero el resultado sería un poco raro. Mejor intenta excavar un hoyo grande en mitad del terreno donde iría el lago. Ya solo te falta llenarlo de lava.

Roblox Corporation
¡UN LAGO DE LAVA TERRORÍFICO!

Como quieres crear un lago de lava, habrás pensado que deberías pulsar en Add (Añadir), dentro de la ventana de Terrain, pero en este caso, no es lo mejor. Si hicieras esto y seleccionaras el material que se llama Cracked Lava, aparecerían grandes burbujas de lava. Queda rarísimo. Lo cierto es que la opción Add está muy bien para hacer montañas y colinas, pero no tanto para formar lagos de lava y otros accidentes geográficos planos.

Lo que tienes que hacer es usar la opción Paint (Pintar) de esa misma ventana. Esta opción, en lugar de hacer burbujas, cubre el terreno que ya existe y hace que parezca lava. Es como usar una brocha para pintar una superficie en la vida real.

Haz el lago todo lo grande que quieras, como el de la imagen de lo que he hecho yo, por ejemplo. Rodéalo de lo que se te ocurra. Sería buena idea conseguir que parezca que está en mitad del cráter de una montaña, como si fuera un volcán.

AÑADE ISLAS FLOTANTES EN EL CIELO

Ya tienes el lago de lava. Ahora toca crear unas islas flotantes chulas en el cielo. El resultado va a ser un paisaje muy interesante, que no se parecerá nada a lo que han visto los jugadores de Roblox. ¡Por suerte, es sencillo crearlo con Roblox Studio!

En Roblox, puedes hacer las islas flotantes de dos formas:

1. Genera una montaña grande que se eleve desde el suelo y luego córtala para que quede flotando.
2. Mueve la isla desde un lateral del mundo hasta que quede flotando sobre la lava.

Por desgracia, no existe un botón de crear islas flotantes, porque los jugadores no suelen hacerlas.

Elevar una montaña

La primera opción, la de elevar una montaña desde el suelo, es así de fácil:

- Pulsa en Add dentro de la ventana de Terrain.
- Elige el tipo de material.
- Haz clic en el botón izquierdo del ratón sobre el suelo.
- Arrastra hacia arriba hasta que hayas creado un pilar que llegue hasta el cielo.

A partir de aquí, solo tienes que añadirle más material a los lados hasta que parezca una isla, que aún sigue unida al suelo. Vuelve a la ventana y elige la opción Substract para eliminar la parte que une la isla con el suelo. A veces, es complicado borrar las cosas bien del todo con este método, así que yo recomiendo usar también la opción Smooth (Alisar) para eliminar los restos puntiagudos. ¡Pulir bien los detalles y lograr un resultado natural es importante para que los jugadores no piensen que lo has hecho a toda prisa!

Roblox Corporation
EL PROCESO DE CREACIÓN DE UNA ISLA FLOTANTE

Añade bloques de terreno

La segunda forma es usar la opción Add del menú Terrain y apuntar con la herramienta en mitad del cielo. Verás que Roblox no te permite seleccionar cualquier cosa que haya flotando en mitad del mundo (por la cuadrícula), pero puedes añadir superficie junto al muro invisible que constituye el límite del mundo. Haz eso y luego, arrástrala para que llegue hasta el lago de lava.

Una vez hecho, elimina la parte que une la isla con el límite. ¡Por fin tendrás una isla flotante! Alisa los bordes como antes para que quede aún mejor.

EL PROCESO DE CREACIÓN DE OTRA ISLA FLOTANTE

Resultado acabado

Con independencia de qué opción elijas, el resultado será una isla flotante sobre un lago de lava.

¡YA TIENES UNA ISLA FLOTANDO SOBRE UN LAGO DE LAVA!

COMPLETAR EL MUNDO

Por fin tienes una isla increíble flotando sobre un lago de lava terrorífico. ¡Este juego ya tiene muchísimas posibilidades! Si quieres seguir desarrollando esta idea, aquí tienes algunas sugerencias.

Haz más islas

¿Por qué solo va a haber una isla flotante en un mundo así? ¡Podrías hacer más islas! ¡Y todas distintas!

Pon Obbys para pasar de una isla a otra

Es estupendo que haya más de una isla, pero tienes que darles a los jugadores una forma de moverse de una isla a otra, ¿no? Una de las soluciones más divertidas es crear carreras de obstáculos para desplazarse por ellas: ¡algo parecido al Obby flotante que hiciste en tu primer juego, en el capítulo 4!

Busca una historia para cada isla

Coloca en las islas a personajes que cuenten una historia única. Así cobrarán vida. También podrías darle al jugador una pequeña misión en cada isla para que pueda continuar su viaje.

No lo olvides: la lava tiene que hacer daño

Aunque parezca que el lago está lleno de lava, Roblox Studio no sabe que tiene que quemar al jugador. Querrás que el jugador se queme si se cae de una isla. Explicaremos varias formas de conseguirlo en los capítulos que tratan sobre los scripts.

CREAR MODELOS AVANZADOS

Seguro que ya estás preparado para enfrentarte a algo un poquito más complejo. No hay duda de que hacer cosas básicas como una mesa o una silla está bien, y crear islas flotantes es muy chulo, pero no es más que el principio. Vamos a pasar a temas más avanzados. ¿Qué te parece si nos lanzamos a hacer un coche que funcione con Roblox Studio? Los coches son un poco más complicados que los muebles porque hay que ponerles ejes a las ruedas para que giren. También hay que ponerles un asiento para el jugador. Cuando termines, podrás hacer un juego de carreras. Será tu segundo proyecto en Roblox. ¡Es un gran paso después de hacer un Obby cortito!

HACER TU PROPIO COCHE

Como es tu primer coche, vas a empezar por la versión más básica que existe. Va a tener el aspecto de un coche de piezas de Lego, pero no pasa nada. Es el primero y tienes que aprender. Luego lo harás más bonito.

Empieza con un ladrillo

Primero elige una plantilla. Por ejemplo, yo he elegido Racing (Carreras). Pulsa en el menú Model y busca la sección Parts. Pincha en la flechita que hay debajo del botón Part para ver el menú desplegable. Selecciona Block. Aparecerá sobre el suelo un bloque similar a los de Lego.

Hazlo más grande

Cuando lo tengas, busca la sección Tools, dentro de Model y elige la opción Scale. Usa los círculos rojos y azules para ampliar el ladrillo y conseguir un rectángulo más grande y más ancho. Hazlo también un poquito más alto arrastrando el círculo verde hacia arriba.

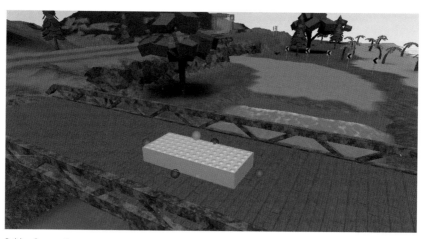

Roblox Corporation
VA A SER UN COCHE MUY FEO

Crea una rueda

¡Ya tienes la base del coche, así que toca añadirle las ruedas! No existe la forma rueda, así que vas a tener que echarle imaginación. Si lo piensas, ¿acaso no son las ruedas cilindros finitos? Si tuvieras un cilindro y lo cortaras en rodajas, cada rodaja tendría forma de rueda.

Elige un cilindro en el menú desplegable que hay bajo el botón Part. Después, selecciona Scale: acerca los círculos rojos para que sea más fino y separa los verdes para que sea más alto. Sigue retocando ambas medidas hasta que tengas algo parecido a la rueda que quieres. Tendrán que ser grandes para que el coche se mueva con estabilidad y para que tenga buena tracción. De momento, haz una rueda.

Añade la rueda a la base

Hacer una rueda está muy bien, pero ¡hay que unirla a la base del coche! Roblox te lo pone muy fácil.

En el menú Model, busca la sección Parts. Pulsa en la flechita que hay debajo de Surface para desplegar el menú y selecciona Hinge (Articular). ¡Haz clic en el lado del cilindro que quieres pegar al coche y listo! Ahora hay una pequeña pieza en el cilindro.

En la sección Tools, elige la opción Rotate (Rotar) y gira el cilindro para que la pieza quede de cara a la base del coche. Después, acércalo todo lo que puedas para conectar ambas partes. Si lo has hecho correctamente, aparecerá un recuadro azul.

Copia y pega otras tres ruedas

Ahora solo tienes que hacer copias de la rueda. Copia y pega tres veces y coloca las ruedas nuevas en ese coche tan estupendo que has hecho con un bloque. Una vez que estén todas unidas, no te olvides de levantar la base del coche del suelo un poquito. ¡Si toca el suelo a la vez que las ruedas, el coche no se podrá mover!

Roblox Corporation
ESTE COCHE TAN SOSO ESTÁ CASI LISTO PARA PONERSE EN MARCHA

Añade un asiento

Como toque final, tienes que añadir un asiento para el juga-dor, como el bloque negro que ves en la imagen anterior. Una vez más, con Roblox es muy fácil. Pulsa en la base del coche, en el sitio en el que quieres colocar el asiento y luego, pulsa el menú Model. A la derecha del todo, verás la sección Advanced (Avanzado). Haz clic sobre el dibujo de un engranaje dentro de un círculo que está en la parte izquierda. Se llama Advanced Objects (Objetos avanzados). Aparecerá un panel debajo del de la caja de herramientas. Baja casi hasta el final de la lista, donde encontrarás un objeto que se llama Vehicle Seat (Asiento para vehículo). Haz doble clic encima y aparecerá en tu coche.

Cuando eres jugador, lo único que tienes que hacer para usar el asiento de un vehículo es acercarte a él hasta que te choques. ¡El personaje se subirá automáticamente de un salto!

HACER UN JUEGO DE CARRERAS EN CINCO PASOS

Ahora que ya has aprendido a hacer un par de cosas avanzadas en Roblox, como crear tus propios mundos o construir coches, puedes aplicar tus conocimientos ¡y crear tu segundo juego! El primero lo hicimos en el capítulo 4 y era un Obby muy sencillo. Lo único que tenían que hacer los jugadores era correr, saltar y evitar obstáculos. Para el segundo juego, vamos a elegir un género al que puedan jugar muchas personas a la vez: ¡un juego de carreras!

PASO 1. ELIGE EL ESCENARIO

Antes de empezar, piensa en el tipo de juego de carreras que quieres hacer.

- ¿Quieres que sea un juego realista y que se desarrolle en las carreteras normales de una ciudad?

- ¿Quieres que los coches corran por la playa o por una pista que flota en el cielo?
- Podría desarrollarse hasta en la luna si quisieras. O por muchos arcoíris.

Empieza por elegir el escenario y deja que el sitio te guíe a la hora de tomar el resto de las decisiones. Para no complicarnos, te voy a enseñar a hacer un juego de carreras normal por calles normales.

PASO 2. DECIDE CÓMO VAS A HACER EL JUEGO

Roblox te permite hacer tu primer juego de carreras de dos formas muy sencillas:

1. **Utiliza la plantilla de carreras Racing:** Es una idea buenísima si estás empezando, porque la plantilla ya tiene colocadas muchas cosas. Viendo los modelos, la disposición de la pista y los scripts que se han usado, puedes aprender mucho. Puesto que estás leyendo este libro, es muy probable que acabes de empezar a hacer juegos en Roblox.
2. **Construye el juego desde cero:** Este proceso es mucho más largo y complejo, pero aprenderás más y te divertirás mientras trabajas en él. Cuando hayas entendido cómo se hacen los juegos de carreras con la plantilla, puedes intentar hacer uno partiendo de cero. No obstante, en este tutorial, vamos a centrarnos en la plantilla para que empieces por ahí.

¿Qué te hace falta para un buen juego de carreras? Es muy fácil: vehículos y una pista. Los jugadores necesitan saber adónde tienen que ir y una forma de llegar. Más o menos, eso es todo. A partir de ahí, ellos pueden crear sus propias reglas con toda libertad y empezar a competir.

PASO 3. ELIGE LA PLANTILLA DE CARRERAS

Para empezar, utilizaremos la plantilla Racing que encontrarás en Roblox Studio. Cuando la abras, verás que ya cuenta con una pista de carreras completa y con un montón de carreteras distintas, puentes, túneles y hasta un río y un lago. Es un punto de partida perfecto para buscar ideas y ver qué aspecto puede tener un juego de carreras de Roblox.

Todos los coches están preparados en la línea de salida, al lado de las casillas de salida de los jugadores. De esta forma, cuando acceden al juego, pueden elegir el coche que quieren.

PASO 4. EDITA LA PLANTILLA

Edita la plantilla de Roblox para darle tu toque tal y como has hecho antes. Añade otros accidentes geográficos, cambia los colores o céntrate en los detalles.

Si seleccionas la carretera, un elemento que ya está en Roblox Studio, puedes copiarla y pegarla para crear desvíos o cambios de dirección. Con la opción Paint (Pintar) del menú Terrain, podrás cambiar algunos tramos de asfalto por otros de hierba o tierra para que la pista dé un giro muy grande.

Fíjate bien en la configuración de la plantilla y, luego, cámbiala para personalizar el juego a tu gusto.

PASO 5. AÑADE LO NECESARIO PARA QUE EL JUEGO SEA JUSTO

Una cuestión muy importante que debes tener en cuenta sobre los juegos de carreras es que, si no estás atento, los jugadores pueden hacer trampas sin mayor dificultad. Por ejemplo, si no evitas que se salgan de la pista para coger un atajo y llegar antes al próximo punto de control, el circuito no servirá de nada. Para impedirlo, puedes colocar vallas o barreras a lo largo del trayecto. En esta plantilla, no lo han hecho. También puedes poner la pista flotando en el aire o rodeada de agua. Así el que se salga de la carretera retrocederá mucho como castigo.

* * *

¡Llegado a este punto, ya deberías sentir que le estás cogiendo el truquillo tanto a Roblox como a Roblox Studio! Has hecho un juego de carreras básico, puedes crear mundos enteros e incluso puedes construir tus propios modelos y objetos en Roblox Studio. Por fin ha llegado el momento de aprender a hacer scripts, que es lo que hace que pasen cosas en los juegos.

CAPÍTULO 8

LAS BASES PARA CREAR SCRIPTS

151

No cabe duda de que, a estas alturas, ya tendrás muchos elementos en tus mundos. Seguro que ya has jugueteado un montón con Roblox Studio, lo justo para hacer mundos cada vez más extensos, llenos de ríos y montañas, con una ciudad para conducir por ella o tan interesantes que dará gusto explorarlos. Sin embargo, es probable que, últimamente, tengas la sensación de que lo que has hecho hasta ahora no es nada interesante en comparación con otros juegos mucho más grandes y mejores que has visto en Roblox, ¿verdad? ¿Qué hay que hacer para que las cosas se muevan en los juegos? ¿Y para que sean más complejos y divertidos? Esa es la función de los scripts.

Los scripts son pequeños programas que sirven para que las cosas funcionen en Roblox. Si construir mundos y objetos es como jugar con piezas de Lego, escribir un script servirá para que los Legos se muevan y hagan cosas por su cuenta, como si tuvieran un cerebro diminuto programado para hacer ciertas cosas. En este capítulo, vamos a centrarnos en lo siguiente:

- Lo que es un script.
- Los scripts de Roblox frente a los programas tradicionales.
- Scripts básicos para tus juegos.
- Errores habituales que cometen los creadores de Roblox más novatos.

POR CIERTO, ¿QUÉ ES UN SCRIPT?

Si consideramos que las piezas y los bloques que se usan para construir elementos en Roblox son un Lego, podríamos decir que los scripts son las instrucciones ocultas que indican a dichas piezas lo que tienen que hacer cuando salen en pantalla. Sería como cuando Andy sale de la habitación en *Toy Story* y los juguetes cobran vida; o como cuando la doctora Juguetes utiliza el estetoscopio mágico para darles vida a sus juguetes. ¡La diferencia es que aquí tienes que decirles a los juguetes lo que tienen que hacer!

No te preocupes si todo esto te suena a chino de momento. En cuanto veas cómo funciona y empieces a probar por ti mismo, lo entenderás todo. Por ahora, piensa que los scripts de Roblox son una serie de instrucciones.

Roblox Corporation
EJEMPLO DE UN SCRIPT DE ROBLOX STUDIO

Por ejemplo, si quisieras hacer un juego de carreras en una ciudad, podrías hacer un script para que aparecieran peatones caminando por las aceras. Los scripts les dicen por dónde y cómo tienen que andar, etc. También pueden utilizarse para cosas muy sencillas, como hacer que aparezca un mundo de repente en pantalla.

QUÉ TIENEN QUE VER LOS SCRIPTS CON LOS PROGRAMAS TRADICIONALES

Si quieres hacer videojuegos, tienes unas cuantas posibilidades. En cualquier empresa de videojuegos hay programadores, diseñadores, dibujantes, guionistas, productores y un montón de profesionales más. Cada uno se encarga de algo distinto:

- Los guionistas son los encargados de escribir las historias.
- Los dibujantes se encargan de la parte artística.
- Los programadores son los que hacen que las cosas que aparecen en pantalla actúen; y, en pocas palabras, eso es escribir scripts.

LOS LENGUAJES DE PROGRAMACIÓN

Si quieres ser programador de videojuegos, te conviene estar muy atento en clase de Informática y en otras clases de tecnología para aprender lo básico. Existen muchos lenguajes de programación distintos. Del mismo modo que en el mundo se habla y se lee en distintos idiomas, los programadores tienen distintos lenguajes para crear juegos. Entre los más populares están:

- C# (Que se lee C-sharp)
- C++
- Flash
- Python
- Java

Hay muchísimos más. Los desarrolladores de juegos también utilizan motores de videojuegos, que son programas que agilizan y preprograman muchos de los componentes necesarios para hacer juegos. Entre los más conocidos, se encuentran:

- Unity
- GameMaker
- Unreal

Roblox, en concreto, utiliza como lenguaje de programación una versión de Lua con ligeras variaciones. Es muy distinto a los que ya he mencionado, pero también comparten ciertas características.

Cuando solo usas Roblox Studio para construir elementos como sillas y mesas, no te hace falta saber nada de Lua, pero si quieres hacer cosas más avanzadas como ejecutar scripts, sí lo necesitas.

PROGRAMAR CON ÉXITO

En cualquier tipo de programación, es importantísimo escribir las órdenes con toda la precisión y claridad que sea posible. Si cometes una errata sin querer, el script no funcionará bien. Además, tienes que seguir las reglas gramaticales, igual que cuando escribes en el colegio, porque los lenguajes de programación también tienen reglas.

SCRIPTS BÁSICOS PARA TUS JUEGOS

Hay varios scripts que podrían ser muy útiles para tu juego de Roblox. Para ayudarte a empezar, he incluido aquí dos de los scripts más básicos y que todos los usuarios de Roblox de tu nivel tendrían que usar sin problema.

OBJETOS QUE HIEREN AL JUGADOR AL TOCARLOS

Crear objetos capaces de hacer daño al jugador ha sido imprescindible para los desarrolladores desde que apareció el primer juego de ordenador. Para desarrollar juegos, tienes que aprender a hacerlo. Es necesario que haya en el juego objetos y áreas que el jugador no pueda tocar sin hacerse daño. Algunos objetos pueden hasta matar al jugador en cuanto lo tocan. Para practicar, vamos a hacer un juego similar al Obby que vimos en el ejemplo del capítulo 4. Abre ese juego de principiante otra vez, pero esta vez, vamos a empezar por construir nuestro propio nivel. Coloca unos cuantos bloques flotantes delante de la casilla de salida. Que un par de ellos sean rojo fosforito. Así tendremos claro cuáles son peligrosos.

Ahora, tienes que pulsar con el botón derecho sobre cada bloque rojo que has creado. Selecciona Insert Object > Script y pega este texto:

```
local brick = script.Parent
brick.Touched:connect(function (object)
if object.Parent:FindFirstChild('Humanoid') then
object.Parent.Humanoid:TakeDamage(100)
end
end)
```

Es importante que lo copies y lo pegues tal y como aparece aquí, porque los saltos de línea separan las órdenes codificadas y explicitan qué es lo que va a pasar en concreto. Cuando termines este libro y sigas estudiando programación, verás que, al igual que cuando haces una redacción o un trabajo en clase de lengua, la gramática y la sintaxis correctas son importantísimas a la hora de escribir un código.

Este programita significa que si el jugador toca el objeto en el que está incluido el script (en este caso los bloques rojos), sufrirá un daño de cien puntos (el máximo posible) y morirá. Cuando mueres, todas las piezas del personaje se separan como si hubiera habido una explosión. ¡Es muy divertido, la verdad!

Puedes ajustar este script a otras situaciones. Por ejemplo, a lo mejor quieres que el jugador no sufra un daño de cien puntos. En ese caso, cambia el número que hay al final del script y listo.

HACER UN OBJETO QUE CURE

Ahora que ya sabes herir al jugador, vamos a pasar a hacer un objeto que cure al jugador cuando lo toque. Al combinar estos dos elementos (objetos que hacen daño y objetos que curan), podrás hacer, por ejemplo, un juego con trampas y zonas de peligro mortal, pero también les darás a los jugadores la oportunidad de curarse, una vez que hayan superado una parte difícil, con botiquines que podrán recoger por el camino.

Para este ejemplo, vamos a volver a usar el soldado que personalizamos al principio del libro. Entra en el menú Toolbox de Roblox Studio y escribe health kit (Botiquín). En la lista que sale, encontrarás algo parecido a lo que aparece en la imagen. Arrastra el botiquín hasta el mundo del juego.

Roblox Corporation
UN BOTIQUÍN PEQUEÑO

Para que este objeto sirva para curar al jugador, hay que utilizar otro script. Primero, comprobará si el botiquín está tocando algo o a alguien. En ese caso, comprobará si se trata del jugador o de otros personajes del juego. Así evitaremos que cure también a los enemigos. Solo tienes que poner el ratón sobre el botiquín y hacer doble clic con el botón derecho. Selecciona Insert Object > Script y copia el siguiente script en la pantalla:

```
local healthPack = script.Parent

local function handleTouch(otherPart)
    local character = otherPart.Parent
    local humanoid = character:FindFirstChild('Humanoid')
    if humanoid then
            print('Time for a quick heal!')
    end
end

healthPack.Touched:connect(handleTouch)
```

¡Perfecto! Si lo hemos hecho todo bien, el botiquín está listo para devolverle al jugador los puntos de salud que tú decidas. Vamos a poner, por ejemplo, veinte puntos de salud. Como voy a seguir añadiéndole cosas al código, voy a escribir en negrita las partes nuevas para que las veas bien. Todo lo que no está en negrita es igual que lo del script anterior.

Para que el botiquín sepa que tiene que curar al jugador, tenemos que hacer primero varias cosas:

- Decidir cuánto va a curar para que el juego sepa los puntos de salud que tiene que sumarle al jugador.
- Comprobar que suma puntos de salud a los que tenía el jugador. Si, por ejemplo, un jugador tiene 80 puntos de salud y quieres que el botiquín cure 20, la salud del jugador volvería a ser de 100 puntos.
- Desactivarlo una vez que se aproveche para que no pueda usarse sin parar.

El script nuevo queda así:

```
local healthPack = script.Parent
local healAmount = 20
local cooldown = 5
local canHeal = true

local function handleTouch(otherPart)
    local character = otherPart.Parent
    local humanoid = character:FindFirstChild('Humanoid')
    if humanoid and canHeal then
        canHeal = false
        local currentHealth = humanoid.Health
        local newHealth = currentHealth + healAmount
        humanoid.Health = newHealth
```

```
        wait(cooldown)
        canHeal = true
    end
end
```

healthPack.Touched:connect(handleTouch)

¡El botiquín ya debería funcionar perfectamente, así que puedes usarlo en tus juegos!

* * *

Seguro que ya te has dado cuenta de que la lista de cosas que puedes hacer con scripts en Roblox es infinita. Siempre habrá formas novedosas e interesantes de ampliar tu juego de Roblox. Los scripts son la clave para el éxito. En el capítulo siguiente, vamos a hacer cosas todavía más avanzadas con scripts.

CAPÍTULO 9

SCRIPTS AVANZADOS

163

Este capítulo te ayudará a que tu idea deje de ser otro juego cualquiera de Roblox para convertirse en un juego tan divertido como cualquiera de los que venden en las tiendas. Lo que vas a aprender en este capítulo es un punto de partida ideal si estás pensando en dedicarte a desarrollar videojuegos. Estas son algunas de las cosas que vas a aprender:

- Los términos clave más habituales para escribir scripts.
- Ejemplos de cosas concretas que se pueden hacer con scripts en los juegos.
- Cómo se hace un juego con scripts avanzados.

TÉRMINOS CLAVE

Esto no es un libro de texto, pero sí que contiene cierto vocabulario que deberías aprender. En una actividad tan compleja como es escribir scripts, se usan un montón de palabras poco habituales, que aparecerán en este libro, en internet y en Roblox Studio. Algunos términos básicos son:

- **Bucle o Loop:** Sirve para enseñar al juego a hacer lo mismo una y otra vez para siempre o hasta que elimines la instrucción. Es útil para que suene la música o para acciones repetitivas, como que aparezca un enemigo para luchar contra el jugador cada pocos segundos.
- **Bugs:** Son errores inesperados. Por ejemplo, si el jugador no puede coger un arma o si un enemigo no sufre daños cuando el jugador lo ataca, se trata de un fallo, un bug. Por lo general, lo bugs se producen cuando un juego contiene muchos scripts. Cuantos más scripts utilices, más posibilidades hay de que se produzcan errores.
- **Código:** Es el texto que contienen los scripts. Le dice al juego lo que tiene que hacer de forma automática. Piensa en los ejemplos que hemos visto en el capítulo 8: el botiquín que mejora la salud del jugador y los bloques que le hieren cuando los toca.
- **Print:** Cuando estás escribiendo un script, la palabra Print no significa que se vaya a imprimir un texto en un

papel con una impresora. Se refiere a las palabras que aparecen en la pantalla, por ejemplo, el diálogo de un jugador o un mensaje que dejamos para cuando un jugador entra en una zona nueva o se pasa el juego.

- **Script:** Es un pequeño archivo de código que les indica a los elementos de Roblox Studio lo que tienen que hacer en el juego. Es una lista de instrucciones que entiende el ordenador.

- **Variable:** No es más que un término que contiene información. Una variable puede ser un número, un objeto e incluso una cadena de información. Por ejemplo, una variable sería playerHealth, que indica cuántos puntos de vida tiene el jugador. Otra variable podría ser algo tipo gunAmmo, que nos indicaría cuántas balas le quedan al arma. Las variables te permiten definir cosas del juego.

- **Ventana de depuración:** Aquí aparece lo que pasa cuando se ejecutan los scripts en el juego. También aparecen los bugs y el texto que se muestra en pantalla. Esta información no se utiliza en el interior del juego como tal, solo en Roblox Studio. Considérala una ventana con los resultados, una especie de transcripción de lo que está pensando el juego cuando hace lo que le indican los scripts que has hecho tú. Esta ventana se utiliza para entender lo que sucede y, con suerte, para encontrar los bugs.

Los scripts de Roblox tienen mucha más miga, pero estos términos son un buen resumen de lo que necesitas saber.

¿DE QUÉ TE SIRVEN LOS SCRIPTS AVANZADOS?

En Roblox Studio puedes usar scripts para todo tipo de cosas. Puedes escribir uno que le indique a cierto bloque que hiera al jugador cuando lo toque o que lo cure si lo coge, como hemos visto en el capítulo 8, pero se usan para una infinidad de cosas más, como por ejemplo:

- Indicar a los enemigos que persigan y ataquen a un jugador.
- Hacer que una carrera dé comienzo cuando el semáforo se ponga verde.
- Dejarte disparar un arma o blandir una espada.
- Decirle a un personaje que entre en un restaurante y pida una hamburguesa.
- Darles puntos a los jugadores que hagan algo concreto.
- Permitir que los jugadores construyan, entre todos, ciudades enteras en un juego.
- Hacer que un peluche se ría cuando el jugador lo pulse.
- Hacer muchísimas cosas más.

EL POTENCIAL DE ROBLOX

LOS DESARROLLADORES DE ROBLOX UTILIZAN LUA 5.1 COMO LENGUAJE DE PROGRAMACIÓN. ASÍ FACILITAN A LOS USUARIOS CONTENIDO INTERACTIVO Y PERSONALIZABLE. EL POTENCIAL DE ESTOS SCRIPTS NO ES TAN GRANDE COMO SI ESCRIBIMOS CÓDIGO EN UN MOTOR MÁS GRANDE Y FLEXIBLE. NO PUEDES HACER UN JUEGO COMO *THE ELDER SCROLLS V: SKYRIM*, PERO ¡SÍ QUE PUEDES HACER JUEGOS DIVERTIDÍSIMOS!

HAZ UN JUEGO DE ACCIÓN EN 5 PASOS

Ahora que ya dominas los conceptos básicos del uso de scripts y sabes lo que puedes hacer en Roblox, es hora de lanzarse a hacer un juego más complicado y con más scripts. En este libro, te enseño a hacer tres juegos:

1. El primer videojuego que hicimos, el Obby, consistía en saltar y evitar obstáculos.
2. El segundo era un juego de carreras sencillo, donde se podían hacer cosas un poco más complejas que moverse y dar saltos.
3. Este tercer juego va a ser un poco más avanzado. Vamos a hacer lo que se suele llamar juego de batallas o de aventuras. Dependiendo de qué camino tome, este tipo de juegos encaja en muchas categorías distintas en la página de Roblox. Nosotros nos vamos a decantar por la acción, así que podemos decir que es un juego de acción. ¡Además, esa es la esencia de los grandes juegos! ¡La acción!

PASO 1. ABRE UNA PLANTILLA

La mejor forma de empezar a hacer un juego así es abrir Roblox Studio y elegir la plantilla Combat (Combate). Lo que ves aquí es un páramo inmenso. En medio, hay una pistola, un espada y un botiquín. Alrededor, están las casillas de salida de los jugadores.

La idea es que todos los jugadores salgan corriendo hacia el centro para intentar coger un arma y que luchen. Podemos trabajar a partir de este concepto o crear un juego que se centre más en la cooperación. En cualquier caso, los primeros pasos van a ser los mismos.

PASO 2. PERSONALIZA EL MUNDO

Ya tienes la base, pero en este instante, el mundo del juego está muy vacío y es aburrido. Añade edificios, paredes y objetos para que los jugadores puedan esconderse y explorar. Puedes hacer los modelos de cero o personalizar los que encuentres en la caja de herramientas, la Toolbox, como hemos explicado ya.

El nivel puede ser todo lo grande o todo lo pequeño que quieras. Para variarlo todo aún más, puedes mover los objetos que están en medio y dejarlos repartidos por todo el nivel. Así no consistirá solo en lanzarse como locos a por ellos, sino que los jugadores tendrán que ir a buscar los objetos que están escondidos por todo el nivel.

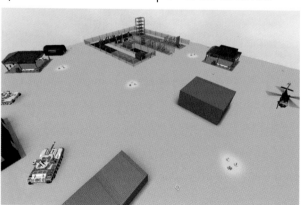

Roblox Corporation
LA PLANTILLA COMBAT CON UNOS TOQUES DE EMOCIÓN Y VARIEDAD

El género del nivel depende por completo de ti. En este ejemplo, yo me he decantado por la temática militar y he añadido unos cuantos edificios y objetos distintos para que haya más zonas en que los jugadores puedan esconderse y hacer cosas. También es posible hacer una colonia en la luna, una cueva subterránea o un palacio de hielo lleno de muñecos de nieve gigantes. ¡Echa a volar la imaginación!

PASO 3. AÑADE ENEMIGOS Y SCRIPTS

Una vez que le has dado forma a tu mundo, deberías decidir de qué va a ir el juego:

- ¿Los jugadores van a pelear entre sí?
- ¿Los jugadores van a unirse para luchar contra otros enemigos?
- ¿Luchará cada jugador por su cuenta contra otros jugadores y más enemigos?
- ¿Será una mezcla de un par de estas opciones?

Es probable que quieras que haya enemigos, así que vamos a empezar por ahí.

Un enemigo básico bueno que puedes añadir al juego es el zombi. Por suerte, la caja de herramientas de Roblox Studio tiene de todo. Abre la Toolbox, escribe Zombie en la barra de búsqueda y busca uno que se llama Respawning Zombie del usuario Ashourc05. Pulsa encima y aparecerá de forma automática con una etiqueta encima en la que pone Drooling Zombie (Zombie babeante).

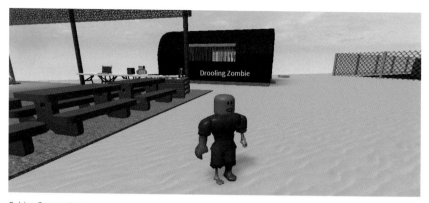

UN SIMPLE ZOMBI EN EL JUEGO. ¡QUÉ ASCO!

Lo bueno del zombi es que gran parte del script ya está hecho. Abre el panel de exploración: ve al menú View y pulsa el botón Explorer que está en la parte izquierda. Para saber si un objeto tiene scripts, pulsa en el objeto, en este caso el zombi, y mira en el panel de exploración de la derecha. Ahora busca en la lista Drooling Zombie. Debería aparecer resaltado en una barra azul. Para saber los detalles del zombi, pulsa en la flechita que hay a la izquierda del nombre que despliega la lista de contenidos.

Verás unas cuantas cosas. Por ejemplo:

- Un efecto de sonido de quejido, muy apropiado para un zombi.
- Un elemento llamado Body Colors (Colores del cuerpo).
- Las diversas partes que componen el zombi.

También deberías ver tres iconos con forma de hojas de papel que se llaman Script, Respawn (Regenerar) y Animate (Animar). Estos tres scripts le están diciendo al zombi cómo tiene que actuar.

Respawn (Regenerar): Hacer que aparezca otro zombi cada vez que muere uno

Para empezar, abre el script Respawn haciendo doble clic encima. Aparecerá este código:

```
name="Humanoid"
robo=script.Parent:clone()
while true do
    wait(1)
    if script.Parent.Humanoid.Health<1 then
        robot=robo:clone()
        robot.Parent=script.Parent.Parent
        robot:makeJoints()
        script.Parent:remove()
    end
end
```

Este script dice que si al zombi le queda menos de un punto de vida, es decir, va a morir, debe aparecer un clon. El script regenera al enemigo para que siga yendo a por ti. Es un script inteligente que puedes usar con otros enemigos en cualquier juego que hagas.

Animate (Animar): Haz que se mueva el zombi

El script Animate sirve para que el zombi se mueva. Un retoque sencillo que puedes hacerle a este script es cambiar la velocidad a la que se mueve el enemigo. Casi al principio del script está esta línea:

```
local currentAnimSpeed = 1.0
```

Lo único que tienes que hacer es variar el número para que el zombi se mueva más deprisa o más despacio. Ponle un 10, si quieres que vaya a toda velocidad, o un 5 para que vaya un poco más rápido. Es una forma muy fácil de hacer enemigos diferentes. Por ejemplo, unos zombis pueden andar despacio y otros, que serán más peligrosos, podrían acercarse corriendo al jugador.

Ahora, ya puedes empezar a incluir otro tipo de enemigos. Dependiendo del género del juego que estés haciendo, podrías poner esqueletos que persiguen a los jugadores, soldados, caballeros o cualquier otra cosa. Experimenta: busca otros enemigos en la Toolbox y luego, copia y pega los scripts del zombi anterior en cada uno de ellos. Puedes conseguir que los enemigos se muevan y hieran al jugador o que hagan otra cosa.

AÑADE UN MONTÓN DE ENEMIGOS

UNA IDEA CHULA ES INTENTAR QUE HAYA TANTOS ENEMIGOS COMO SEA POSIBLE EN PANTALLA. ¡UNA HORDA DE ZOMBIS! PARA LOS JUGADORES ES DIVERTIDO SUPERAR RETOS ASÍ. NO CABE DUDA DE QUE ES MUCHO MÁS INTERESANTE QUE UN CAMPO VACÍO.

Script

Para terminar, el zombi que hemos seleccionado incluye un último script. Lo verás en el panel de exploración de Roblox Studio. Se llama Script a secas y está después de los scripts Animate y Respawn, que ya hemos explicado. Este último le da el resto de las instrucciones al zombi: que aparezca cuando lo mandamos al juego; que vaya a por el jugador cuando sea posible, y hasta que haga ruidos cuando se mueve o al morir. Aquí no tienes que preocuparte de hacer ningún cambio.

PASO 4. AÑADIR MÁS JUGADORES

Por suerte, Roblox te pone muy fácil añadir más jugadores al juego. Una vez que termines un juego y lo publiques en Roblox, este soportará por defecto a múltiples jugadores. Si quieres probar las opciones multijugador y comprobar si todo funciona correctamente, tienes que hacer lo siguiente:

- Ve al menú Test que está en la barra de menús de Roblox Studio.
- Selecciona la opción Local Server (Servidor local).
- Elige el número de jugadores en el menú desplegable en las secciones de Clients (Clientes) y Servers (Servidores).
- Pulsa Start (Iniciar).

De esta manera, verás una simulación de un juego multijugador en el ordenador. Tendrás que esperar unos minutos a que termine de cargarse, porque tiene que poner en marcha varias cuentas de prueba falsas que hagan las veces de los jugadores. Verás que aparecen varias ventanas de juego. Elige una y prueba el juego como si estuvieras jugando normalmente, solo que ahora se habrá ejecutado como juego multijugador. Hablaremos de cosas como las tablas de clasificación y otras cuestiones en el capítulo 13: Acabar el juego.

PASO 5. ÚLTIMOS TOQUES

Dependiendo del género, la forma en que un jugador puede pasarse un juego es muy distinta. Por ejemplo, en un Obby, pasarse el juego es llegar al final y listo. En cambio, en un juego multijugador en el que los jugadores se enfrenten entre sí, como pasa en la mayoría de los juegos más populares, tendrás que llevar un control de la puntuación. En muchos casos, los juegos de Roblox ni siquiera están diseñados para acabar, porque los desarrolladores quieren que los jugadores no dejen de jugar. Por esa razón, permiten que los jugadores vuelvan a empezar y se lo pasen las veces que quieran o que luchen entre sí una y otra vez.

Hablaremos de cómo sumar las muertes y otros puntos de los juegos multijugador en el capítulo 13: Acabar el juego. Si quieres aprender más sobre escribir un script para que las partidas vuelvan a empezar, no tienes más que estudiar los que ya están cargados en Roblox.

* * *

Este juego de acción de zombis que atacan una base militar te permite experimentar sin parar; y el resultado será muy atractivo y único si le dedicas tiempo a Roblox. Cuando tengas nuevas ideas, échales un vistazo a estas otras plantillas que encontrarás en Roblox Studio:

- **Line Runner (Desplazamiento lateral):** Se trata de juegos en los que el personaje se mueve de forma automática por la pantalla. El jugador es el que decide cuándo tiene que saltar para evitar a los enemigos y los obstáculos. Son parecidos a títulos como *Flappy Bird, Jetpack Joyride o Super Mario Run*. Por lo general, estos juegos se ven desde una perspectiva lateral.

- **Carrera infinita:** Estos juegos son muy similares a los del apartado anterior, pero en lugar de ser de desplazamiento lateral, tienen la perspectiva habitual en tercera persona de los juegos de Roblox. En ese sentido, se parecen a *Temple Run, Subway Surfers* y *Sonic Dash*.

- **Todos contra todos:** Por último, puedes hacer pruebas con un juego de todos contra todos por equipos. En nuestro juego de acción, los jugadores luchaban contra los zombis, pero en estos juegos, los jugadores se organizan por equipos que luchan entre sí, como en *Call of Duty, Overwatch o Counter-Strike*. Si te ha gustado crear un juego de acción, esta opción sería mucho más difícil, pero también muy satisfactoria.

PARTE 3

USUARIOS AVANZADOS

179

CAPÍTULO 10

HACER PERSONAJES NO JUGABLES

Hasta el mejor de los juegos es un poco aburrido si no cuenta con Personajes No Jugables interesantes (A partir de ahora PNJ). Todos los grandes juegos tienen personajes con los que el jugador puede hablar e interactuar, así que en tus juegos de Roblox, también debería haberlos.

¿Tú jugarías a cualquiera de tus juegos preferidos si los mundos estuvieran vacíos y te encontraras completamente solo? Puede que funcione si el juego está diseñado expresamente para que estés solo, pero por lo general, ese no es el caso. En este capítulo, vamos a tratar los siguientes temas:

- Qué hace interesante a un PNJ.
- Tipos de juegos que mejoran con buenos PNJ.
- Tipos de juegos que son mejores sin demasiados personajes no jugables.
- Cómo se hace y se programa un PNJ en Roblox.

¿CÓMO ES UN PNJ CHULO?

Piensa en tus juegos preferidos. Puede que sea *The Legend of Zelda*, alguno de Mario o Pokémon o quizá *Halo* o *Call of Duty*. En algunos juegos, como los de Mario, no hay una tonelada de personajes no jugables, pero los que hay son importantes y tienen peso en la historia. Por ejemplo, le dicen a Mario dónde se ha llevado Bowser a la princesa Peach o le venden artículos entre nivel y nivel.

Los PNJ tienen distintas funciones en los juegos. Pueden darte información o ayudarte en una misión. Luego explicaré dónde está la opción para añadir una función en Roblox Studio. De momento, te diré que en Roblox un PNJ puede tener las siguientes funciones.

- Ayudar: En este caso, aparecerá un signo de interrogación (?) encima de la cabeza del personaje para que quede claro que puedes hacerle preguntas durante la partida.
- Misión: Sobre la cabeza de estos personajes, aparecerá un signo de exclamación (!) para que sepas que te puede encargar alguna tarea.
- Tienda: Aparecerá el signo del dólar ($) para que sepas que puedes comprarle cosas al PNJ.

Crear un PNJ no es demasiado difícil. Además, puedes ser muy original. A continuación, tenemos algunas de las características que tienes que pensar de antemano.

UNA PERSONALIDAD GANADORA

Si un PNJ es gracioso o un encanto o si es agradable hablar con él, es mucho más probable que el jugador lo recuerde y se preocupe por él.

BUENOS MOTIVOS

Si el PNJ existe solo para darle al jugador un artículo o proponerle una misión a todo correr, puede que sea aburrido. Por el contrario, si tiene una historia y un motivo para tratar contigo, será mucho más interesante. Por ejemplo, si el personaje PNJ y tú compartís enemigo y quiere vengarse, tendrá una razón para ayudarte. Si los PNJ tienen relación con otro personaje importante, el jugador no tendrá la sensación de que no es más que un personaje cualquiera. Estudiar cómo convergen las ideas y los sentimientos del PNJ con los del jugador es importante para que este tipo de personaje sea creíble.

DISEÑO INTERESANTE

Al principio, es fácil pasar por alto este detalle, pero si los PNJ de tu juego no tienen nada interesante a primera vista, ya sea por el lugar en el que están o por cómo van vestidos, es muy poco probable que el jugador se fije en ellos. Puedes ponerles una ropa estrafalaria o construirles una casita, por ejemplo.

¿QUÉ JUEGOS MEJORAN CON PNJ?

Todos los juegos no necesitan PNJ para que los jugadores los vean e interactúen con ellos. De hecho, en algunos es mejor que no haya personajes por medio. En cambio, otros mejoran muchísimo si hay personajes en pantalla.

JUEGOS QUE SON MEJOR CON PNJ

Si estás haciendo un juego en el que los jugadores interactúan mucho con los personajes, lo lógico es que haya personajes no jugables, por supuesto. Los siguientes tipos de juegos suelen ser mejores con PNJ.

Juegos de zombis

Puede que estés pensando: ¡Oye! Que los jugadores no interactúan con los zombis, ¡solo los matan! Es cierto, pero los zombis tienen que ir a por los jugadores y atacarlos igual. Por eso, debes saber programar a los zombis para que hagan cosas y tener en cuenta los mismos principios que para crear cualquier otro buen PNJ. Además, tendrías que incluir otros personajes que no sean zombis para que el jugador los conozca y hable con ellos. Así subirás el nivel y le darás emoción al juego. Luchar contra los zombis sin más no tiene tanto impacto como salvar a otras personas.

Juegos de rol

Es el tipo de juego en el que es más habitual que los jugadores interactúen con PNJ. Por ejemplo:

- Hablan con los PNJ que encuentran por las ciudades para saber hacia dónde tienen que ir.
- Luchan junto a los PNJ o contra ellos a lo largo del viaje.

Para que los jugadores tengan una misión, hace falta que un PNJ les indique lo que tienen que hacer y a quién tienen que salvar. Menudo héroe serías si no salvaras a nadie, ¿verdad?

Juegos de aventuras

En cierto modo, los juegos de aventuras se parecen mucho a los juegos de rol, porque tratan de emprender un largo viaje y luchar contra monstruos u otros malos para salvar a los habitantes de una tierra de fantasía. Sin embargo, se diferencian de los anteriores en que pueden tener más diálogo y menos luchas. También habrá menos formas de subir de nivel, pero más niveles para explorar.

JUEGOS QUE SON MEJOR SIN PNJ

No todos los juegos de Roblox necesitan PNJ. De hecho, la mayoría de los juegos de Roblox a los que juegues no tendrán ni un solo PNJ. La mayoría de los Obby no tiene, los de carreras tampoco y en los shooters y en muchos otros juegos de acción, tampoco hay. La principal razón es que la gracia de Roblox está en hacer juegos que animen a los jugadores a jugar juntos online. Es decir, que el objetivo de Roblox no es hacer juegos para que te relaciones solo con personajes digitales.

Esto nos lleva otra vez al tema de lo importante que es que sepas quiénes son los jugadores y qué es lo que más les gusta hacer en un juego. Si alguien juega a un juego como Mario Kart, podemos dar por sentado que quiere echar carreras, no hablar con los personajes sobre las leyendas y las historias del mundo del juego.

Juegos multijugador

Los juegos multijugador son otro ejemplo de género que no necesita PNJ. Cuando entras a un juego multijugador, sueles pasar de los PNJ y de sus historias, porque te centras en jugar con o contra otros jugadores humanos. ¿Para qué vas a perder el tiempo haciendo clic en los diálogos de un PNJ cuando podrías dedicarte a dispararles a todos esos jugadores que se te acercan corriendo?

CÓMO PROGRAMAR A LOS PNJ EN ROBLOX

Puedes hacer muchísimas cosas con los PNJ. Aquí tenemos dos ejemplos sencillos:

1. Puedes hacer que los PNJ vayan a por el jugador e intenten atacarlo, como en un juego de zombis.
2. Puedes colocar a los PNJ en algún sitio para que hablen con el jugador cuando este lo necesite.

Programar movimientos y acciones complejas para que los PNJ las repitan a lo largo del juego es muy difícil y no vamos a tratarlo en este libro. Vamos a centrarnos en conseguir que los PNJ puedan hablar con el jugador.

HACER UN PNJ QUE HABLE

El tipo de PNJ más básico es el que se coloca en un punto y habla con los jugadores cuando se le acercan. Estos tipos de PNJ se utilizan para varias cosas:

- Darles a los jugadores información sobre el mundo del juego.
- Enviar a los jugadores a misiones concretas.
- Contestar a las dudas que crees que puedan surgirle al jugador.

Por ejemplo; estamos en un mundo de fantasía y tu objetivo, como creador del juego, es hacer un guarda del castillo que hable, el PNJ. Si el jugador está explorando los alrededores del castillo y ve a un guarda junto a un puente, puede que se acerque y que le haga preguntas básicas como: ¿Qué sitio es este? y ¿Quién vive aquí? ¡Solo tienes que ponerte en la piel del jugador e imaginarte lo que querría saber!

Elige un personaje

Para empezar, entra en Roblox Studio y elige una plantilla. Para este ejemplo, la plantilla Castle (Castillo) es perfecta. En el menú Home, que ya debería estar abierto, busca la sección Insert. Pulsa en Toolbox y escribe knight o caballero en la barra de búsqueda. Elige a un personaje que sirva de guarda y arrástralo al juego. La entrada al puente es un buen sitio para colocar a un guarda.

Roblox Corporation
UN CABALLERO DELANTE DE UN CASTILLO

Dale al personaje la capacidad de hablar

Ahora que ya tenemos a un caballero bien chulo delante del castillo, vamos a darle un poquito más de personalidad. Es un poco soso que esté ahí plantado sin más.

Primero selecciona al caballero y pulsa en el menú Model de Roblox Studio. A la derecha del todo, busca la sección Advanced y en ella, a la izquierda, el icono que se llama Advanced Objects (Objetos avanzados). Pulsa encima.

Aparecerá un nuevo panel en la parte inferior izquierda de la pantalla que se llama también Advanced Objects. Este panel contiene una lista de opciones. Baja hasta que veas Dialog (Diálogo).

LA OPCIÓN DIALOG

Arrastra el icono Dialog hasta el proyecto en el que estamos trabajando en Roblox Studio, la plantilla Castle, y suelta. Si el panel de exploración no está ya abierto, pulsa en el menú View y allí, en el botón Explorer, que está en la barra de menús, a la izquierda. Si ya está abierto, verás que aparece Dialog justo debajo de Knight. Pulsa encima y arrástralo y suéltalo justo encima de la palabra Knight dentro del menú Explorer. Aquí estará el diálogo del caballero en el juego.

Elige qué parte del personaje va a hablar

Ahora, tienes que explicarle a Roblox Studio qué parte del caballero va a hablar. Evidentemente, quieres que el bocadillo aparezca encima de la cabeza, así que mueve la palabra Dialog hasta donde ponga Head (Cabeza) dentro del menú del objeto Knight.

Si lo has hecho bien, verás en el panel de exploración algo parecido a esta imagen.

Roblox Corporation

EL DIÁLOGO YA ESTÁ EN LA CABEZA DEL CABALLERO.

En el caso de los diálogos, lo más lógico es agregar esta función a la cabeza, pero, en algunos casos, también es útil añadir otras funciones a otras partes del cuerpo. Por ejemplo, si quieres que un jugador solo pueda interactuar con algo si lo pisa, como una trampa, o que coja algo con la mano, es útil asignar esas funciones a dichas partes del cuerpo.

Haz que hable

Ahora que ya tenemos Dialog en su sitio, podemos ocuparnos de lo que tiene que decir. Pulsa sobre Dialog en el panel de exploración. Abajo, en el panel Properties-Dialog aparecerá una lista de opciones. Si dicho panel no está abierto, pulsa en View y luego, en el botón Properties, que está situado a la izquierda del menú. En primer lugar, marca el cuadro que está junto a InUse, para que Roblox Studio entienda que quieres utilizar este diálogo en el juego. Ahora, decide qué quieres que diga el jugador a modo de saludo. Como es un caballero que está de guardia en la puerta de un castillo, quedaría bien algo tipo: Bienvenido, viajero. ¿En qué puedo ayudaros? Vamos a poner esto. Busca la opción que se llama InitialPrompt (Saludo inicial) y escribe el saludo en el recuadro vacío que está a la derecha.

Un poco más abajo, en la misma lista, está la opción Purpose (Objetivo). Como queremos que el caballero sea colaborador, comprueba que está elegida la opción Help (Ayudar). Así aparecerá un signo de interrogación (?) encima de la cabeza del personaje en el juego. De este modo, quedará claro que puedes acercarte a preguntarle algo mientras juegas.

Sin embargo, de momento, el caballero solo le ha hecho una pregunta al jugador y todavía no le hemos dado a él la posibilidad de elegir qué le dice. Para hacerlo, ponte con el ratón sobre Dialog, dentro del panel de exploración, haz clic con el botón derecho y elige Insert Object > DialogChoice (Insertar objeto>Elegir diálogo) Aparecerá esa línea en el panel de exploración.

CAMBIAR EL TONO DE VOZ DE TU PNJ

SI QUIERES, PUEDES AÑADIR TODOS LOS OBJETOS DIALOGCHOICE QUE QUIERAS PARA AMPLIAR MÁS LA CONVERSACIÓN. HASTA PUEDES CAMBIAR EL TONO. VE A LA OPCIÓN DIALOG DEL PANEL PROPERTIES Y BUSCA EL OBJETO TONE (TONO). AL CAMBIAR EL TONO, LOS GRÁFICOS CAMBIARÁN. EL TONO NEUTRO SE MARCA EN AZUL. EL TONO AMISTOSO, EN VERDE, Y UN TONO AGRESIVO, EN ROJO. TONE USES RED.

La primera pregunta que probablemente haría un personaje en este mundo a un guardia así sería: ¿Qué sitio es este? Si fueras por un camino, llegaras a un puente sobre un foso lleno de agua y al otro lado vieras un castillo enorme, tú también querrías saber qué es.

Vamos a añadir una pregunta para que la diga el jugador. Pulsa el objeto DialogChoice en el panel de exploración. Ahora, abajo, en el panel Properties-DialogChoice, busca el objeto UserDialog. En el recuadro vacío, escribe lo que quieras que le diga el jugador al caballero. En el juego, aparecerá como una opción que podrá elegir el jugador. Puedes poner ¿Qué sitio es este? o cualquier otra pregunta que se te ocurra. Lo puedes expresar como quieras, pero recuerda que lo que escribas es justo lo que va a aparecer en pantalla.

Ahora, vamos a decirle al caballero lo que tiene que contestar si le hacen esa pregunta. Puedes responder algo original si quieres, pero de momento, vamos a poner: Estáis en Villa del Bloque, la capital del reino de Robloxia. El soberano de estas tierras es el rey Rob Lox IV.

Para terminar, tienes que añadir también unas cuantas palabras de despedida. Busca en Dialog>DialogChoice el objeto GoodbyeDialog. El jugador podrá elegir el texto que escribes aquí para poner fin a la conversación. En ambos objetos GoodbyeDialog, he escrito «Con Dios». Si lo has hecho todo bien, el objeto DialogChoice se parecerá a la imagen siguiente.

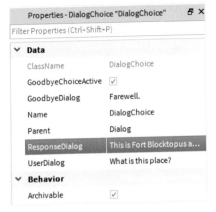

La conversación no tiene por qué acabar ahí. Si quieres, puedes añadir más objetos DialogChoice para que el PNJ pueda contestar a otras preguntas. Con este método, puedes crear toda una conversación. En este caso, es posible que al jugador le interese el nombre del caballero, de dónde es y qué tal va el reino. Después, puedes pensar las posibles respuestas que el caballero podría dar a las preguntas.

Pruébalo

¡Ya lo tienes! Ahora, puedes entrar en el juego y probarlo todo. Para hacer pruebas, elige Play Here (Jugar aquí) y el personaje aparecerá justo delante del guarda. Acércate a él y pulsa sobre el ? que tiene encima de la cabeza para empezar la conversación. Elige las opciones que has escrito en los recuadros de UserDialog.

Roblox Corporation

CHARLA CON UN GUARDIA EN UN REINO DE FANTASÍA

AÑADIR MÁS PERSONAJES

Piensa en otros personajes que se podría encontrar el jugador en tu juego. Coloca más PNJ por el mundo del juego capaces de hablar de cualquier tema o de ofrecer consejos al jugador. A pesar de que tus PNJ no se mueven, no tienen por qué ser aburridos.

* * *

Así es como se hacen en Roblox otros personajes para que interactúen con los jugadores. Con lo que has aprendido, puedes lanzarte a llenar ciudades enteras con PNJ chulos e interesantes. ¡Ahora toca aprender a crear misiones y aventuras emocionantes para los juegos de Roblox!

CAPÍTULO 11

CREAR MISIONES

197

Conocer los principios básicos (y un par de cosas avanzadas) de la creación de juegos de Roblox significa un par de cosas:

1. Ya puedes dejar volar tu imaginación y dar vida a tus mejores ideas.
2. Estás preparado para añadir contenido de verdad al juego, un objetivo, por ejemplo, para completar tu mundo.

Una de las formas más recomendables de llevar a cabo esto último es enviar a los jugadores a cumplir misiones con objetivos concretos y con una recompensa al final.

En este capítulo aprenderás varias cosas:
- A desarrollar un argumento interesante.
- Las mejores opciones para crear misiones y objetivos en los juegos.
- Cuándo un juego no debe tener objetivos concretos.
- Cómo equilibrar el contenido para que los jugadores no se agobien.

ENCAJA LAS MISIONES EN EL JUEGO

Los jugadores necesitan una buena razón para explorar el mundo que has hecho. ¿Cuáles podrían ser las razones?

- Estudiar a los monstruos que hay en una cueva cerca de la aldea.
- Hablar con la gente de la aldea para ver si necesita ayuda.
- Buscar un tesoro perdido.
- Leer carteles para saber más sobre una zona.

¿A QUÉ JUEGOS LES CONVIENE TENER MISIONES?

No es lógico que los juegos de todos los géneros tengan misiones.

JUEGOS EN LOS QUE ENCAJAN LAS MISIONES

Los juegos de rol (RPG) y los de aventuras son dos de géneros a los que más les van las misiones con información detallada sobre el mundo del juego y una historia.

CUÁNDO NO HAY QUE PONER UNA MISIÓN

Cuando empiezas a plantearte la idea de incluir misiones en tu juego, es fácil que pienses que toda la partida debería formar parte de la misión. Puede que te obsesiones con poner un PNJ cada dos pasos para que les cuente a los jugadores cosas sobre ese mundo, pero ¡tienes que resistir la tentación!

Piensa en todos los juegos a los que has jugado. Seguro que no aguantas que los personajes intenten hablar contigo sin parar. Los jugadores, por lo general, quieren pasar a la parte divertida del juego desde el principio. Si los obligas a leer demasiado, es posible que se aburran y dejen de jugar. Los tipos de juegos que no suelen tener misiones son:

- Los juegos de acción pura que solo consisten en jugar contra otros jugadores.
- El Obby, porque el objetivo del juego está muy claro y no necesita nada más.
- Los juegos de carreras, porque no vas a explorar nada aparte del circuito.

CÓMO PONER MISIONES

Hay varias formas distintas de enviar a un jugador a una misión.

EN UNA CONVERSACIÓN SENCILLA CON UN PNJ

El jugador hace un par de preguntas, el personaje no jugable las contesta y listo.

ÁRBOL DE DIÁLOGOS

Son conversaciones más largas sobre distintos temas. A veces, pueden llegar a parecer pequeños juegos en sí. Dependiendo de lo que digas, hasta podrías provocar que un

PNJ reaccionara de múltiples formas y que cambiara su actitud. Por ejemplo, si enfadas al PNJ, es posible que deje de hablar y se vaya.

CON SCRIPTS

Después de una conversación, un personaje puede pedirle al jugador que haga algo y hasta que no lo haga, no podrá continuar con la conversación. Digamos que el PNJ quiere que el jugador vaya a unas mazmorras que hay cerca a matar un dragón y recuperar el Santo Grial. Si el jugador no cumple la misión, no podrá avanzar en la partida.

EQUILIBRAR EL CONTENIDO DEL JUEGO CON LAS MISIONES

En cuanto le cojas el truquillo a eso de hacer misiones, es posible que te vuelvas loco y te lances a hacer las historias más complejas que se te ocurran. Lo cierto es que no sería buena idea. Empieza poco a poco, con conversaciones cortas con el jugador y luego, ve complicándolas a partir de ahí.

* * *

Seguro que tienes un montón de ideas para mejorar los tres tipos de juego que hemos trabajado hasta ahora. ¡Hasta sabes hacer personajes que pueden hablar e interactuar con los jugadores! ¡Hablan con ellos y les mandan misiones!

CAPÍTULO 12

OPTIMIZAR TU JUEGO PARA MODO MULTIJUGADOR

203

La mayoría de los juegos de Roblox permiten que jueguen muchas personas a la vez online. Por ejemplo, si quisieras jugar a algo tipo *Call of Duty* online con otros jugadores, tendrías que trabajar en equipo para luchar contra otro equipo. No puedes ignorar a los miembros de tu equipo. En este capítulo, vas a descubrir:

- Qué géneros son los más adecuados para el modo multijugador.
- Qué juegos no necesitan esta opción.
- Cómo asegurarse de que los jugadores no interfieren demasiado en la partida de los demás.
- Qué hace que los usuarios se enganchen a un juego.
- Buenas prácticas del diseño de juegos multijugador.

¿QUÉ JUEGOS SON LOS MEJORES PARA MÚLTIPLES JUGADORES?

La mayoría de los grandes juegos de Roblox aprovecha la opción multijugador que ofrece la plataforma. Roblox está lleno de personas con intereses e ideas parecidas, así que los juegos suelen tener muchos fans. Si echas un vistazo a la lista de los mejores juegos de Roblox del capítulo 2 y te pones a jugar, te darás cuenta de que todos son más divertidos si juegas con más gente.

JUEGOS EN LOS QUE ENCAJA UN MODO MULTIJUGADOR

Cualquier juego en el que haya competición y en el que los jugadores intenten batir un récord, alcanzar objetivos a toda velocidad o hacer cualquier actividad que anime a competir será mejor en modo multijugador. Estos son algunos ejemplos de los juegos que casi siempre incluyen un modo multijugador en Roblox.

- Juegos de carreras
- shooters
- juegos de acción con muchos enemigos en pantalla.

¿Tú querrías jugar a las carreras si no pudieras competir contra tus amigos? Jugar contra rivales que controla el ordenador no es tan divertido. Además, es mucho más difícil programar oponentes que corran bien en el juego de Roblox Studio que dejar que entre más gente a jugar.

JUEGOS QUE NO NECESITAN UN MODO MULTIJUGADOR

No tiene sentido que lo más importante de todos los juegos sea el modo multijugador. Por ejemplo:

- Cuando haces un juego que trata sobre moverse a hurtadillas por una casa para evitar a los fantasmas, dará más miedo si juegas solo.
- En un Obby parecido a los juegos de Mario, cuando hay muchos jugadores en pantalla, el juego se vuelve demasiado confuso y es difícil moverse por él.
- Esto son solo un par de ejemplos.

JUEGOS PARA UN SOLO JUGADOR EN ROBLOX

SEGURAMENTE, HABRÁS VISTO QUE CASI TODOS LOS JUEGOS DE ROBLOX ESTÁN DISEÑADOS PARA MULTIJUGADORES. CUANDO ENTRAS EN UN JUEGO DE ROBLOX, SE UNIRÁN A ESE MISMO MUNDO OTRAS PERSONAS QUE QUIEREN JUGAR. NO PUEDES DESACTIVAR ESTA OPCIÓN, PERO SI QUISIERAS CREAR UN JUEGO PARA UN SOLO JUGADOR, PUEDES HACERLO TAMBIÉN. PARA ELLO, LA PARTIDA TENDRÍA QUE EMPEZAR FUERA DE LOS NIVELES. ASÍ, LOS JUGADORES ESTARÁN SEPARADOS Y SENTIRÁN QUE ESTÁN EN UN JUEGO PARA UN SOLO JUGADOR, PERO TAMBIÉN PUEDEN HABLAR E INTERACTUAR CON LOS DEMÁS.

LIMITAR LAS INTERFERENCIAS

Uno de los principales problemas de los juegos online es que nunca sabes con qué tipo de persona estás jugando. La mayoría de los jugadores querrán divertirse y jugarán como es debido. Sin embargo, otros se entretienen dando la lata mientras juegas, y es posible que molesten a tu personaje para dificultarte la partida.

Por suerte, Roblox cuenta con muchas opciones para limitar estos casos, incluidos los chats de moderación y la posibilidad de denunciar a los jugadores. No obstante, si quieres publicar tu juego en Roblox, debes ser consciente de que habrá gente que intentará fastidiarles la diversión online a los demás. Te propongo unas cuantas cosas que puedes hacer para reducir las posibilidades de que unos jugadores interfieran con otros.

EMPEZAR LA PARTIDA EN SITIOS DISTINTOS

Una de las cosas que puedes hacer, y que ya he comentado de pasada en este capítulo, es separar a los jugadores. Cuando estas personas carguen el mundo de tu juego, puedes mandarlos a una zona distinta a la de la gente que está jugando de verdad. Hacerlo es fácil. ¿Te acuerdas de la casilla de salida que había en el primer Obby que hicimos? Solo tienes que colocar varias casillas de salida en zonas distintas para que cada jugador entre en un punto diferente del juego.

ROBUX

La mayoría de los que se dedican a darles la lata a otros jugadores online lo hacen para fastidiar. Pide a los jugadores unos cuantos Robux para acceder a cierto contenido del juego, como los niveles más difíciles o artículos útiles. Es poco probable que los jugadores pesados o abusones paguen solo para molestar a los demás.

HAZ UN JUEGO MUY COMPETITIVO

Aunque te parezca que es justo lo contrario de lo que quieres hacer, lo cierto es que funciona. En lugar de pedirles a los jugadores que colaboren —porque algunos podrían hacer justo lo contrario solo para fastidiar—, ponlos a todos a competir y a luchar unos contra otros. Cuando el objetivo es machacar a los demás, todo el mundo se dedica a eso y las interferencias ya no son un problema, puesto que en eso consiste el juego.

CÓMO ENGANCHAR A LOS JUGADORES

Una vez que hayas dado con una fórmula que te funciona y, a medida que vayas desarrollando el juego, veas que ya empieza a ser divertido, habrá llegado el momento de pensar en los jugadores. Crear un juego increíble no es, en realidad, más que una pequeña parte del rompecabezas que es sacar un juego en Roblox. Ahora tienes que trabajar para lograr que sea tan divertido que la gente no deje de jugar y quiera repetir.

HACER JUEGOS CON LOS AMIGOS

TAMBIÉN PUEDES HACER LOS JUEGOS DE ROBLOX CON LA AYUDA DE TUS AMIGOS. PODÉIS CONECTAROS TODOS A LA VEZ ONLINE. ESTA OPCIÓN SE LLAMA TEAM CREATE (CREAR EN EQUIPO). PULSA EN EL MENÚ VIEW DE RO-BLOX STUDIO. BUSCA LA SECCIÓN SHOW (MOSTRAR) E INVITA A TUS AMIGOS A QUE TE AYUDEN A CREAR EL JUEGO CON LA OPCIÓN TEAM CREATE. TODOS PODRÉIS AÑADIR CARACTERÍSTICAS, MISIONES, SCRIPTS, ETC.

A pesar de que los juegos que hemos creado hasta ahora son un buen ejercicio para los más novatos de Roblox, es probable que el resultado no atraiga a demasiados usuarios desconocidos de Roblox. Son demasiado básicos y sencillos. Aquí tienes unas cuantas ideas para conseguir juegos más atractivos para los jugadores, que no querrán parar de jugar.

AÑADE ELEMENOS ALEATORIOS

Imaginemos que haces un juego muy simple, en el que les pides a los jugadores que vayan del punto A al punto B. Una vez hecho esto, el juego termina. En este caso, es probable que no vuelvan a jugar nunca. Si es un juego sencillo, pero muy muy divertido, es posible que se lo pasen un par de veces más, pero eso es todo.

Por eso, añadir elementos aleatorios es tan buena idea. Pon enemigos en distintos sitios, añade efectos aleatorios, da una recompensa distinta cada vez, etc. Si el juego es impredecible y va cambiando, los jugadores quieran repetir.

Por ejemplo, puedes hacer que los jugadores o los PNJ

aparezcan en el mapa aleatoriamente en lugar de en las casillas de salida predeterminadas. Para ello, copia este script que escribió Sporkyz, un usuario de Roblox, en el objeto que quieres que aparezca en puntos aleatorios:

```
HHHTTT = Instance.new("Model", game.Workspace)
HHHTTT.Name = "SPLocate"

wait()
script.FirstSpawn:Destroy()

while wait() do
Instance.new("SpawnLocation", game.Workspace.SPLocate)
game.Workspace.SPLocate.SpawnLocation.Duration = 0
game.Workspace.SPLocate.SpawnLocation.Anchored = true
game.Workspace.SPLocate.SpawnLocation.CanCollide = false
game.Workspace.SPLocate.SpawnLocation.Transparency = 1
game.Workspace.SPLocate.SpawnLocation.CFrame =
CFrame.new(math.random(-349,486),0,math.random(-349,486))
wait(1)
game.Workspace.SPLocate.SpawnLocation:Destroy()
end
```

CONSIGUE QUE LOS JUGADORES COLABOREN

Otro método para que sea más apetecible volver a jugar a tus juegos es pedirles a los jugadores que colaboren para lograr un objetivo común. Así las cosas serán más emocionantes, distintas. Además, está garantizado que el juego será siempre distinto, porque todos los jugadores no van a hacer siempre lo mismo.

PUBLICA CONTENIDO Y NIVELES NUEVOS

Puedes seguir haciendo contenido y niveles nuevos para tu juego. Si has publicado un Obby con diez niveles y a los jugadores les ha encantado, publica unos cuantos más como actualización para que todos repitan.

INSIGNIAS Y PRODUCTOS DEL DESARROLLADOR

A los jugadores les encanta coleccionar cosas y contarles a los demás sus logros. Por esa razón, las insignias o badges gustan tanto. Crea insignias para recompensar a los jugadores que logren cosas concretas. Para animar a los jugadores a volver, puedes ofrecer más insignias o dárselas a los que superan los niveles con determinada puntuación o en determinado tiempo.

HABLA CON LOS JUGADORES

Si te atascas y no se te ocurre qué hacer para animar a los jugadores a volver al juego, puedes pedirles a ellos su opinión. Abre un foro sobre tu juego y pídeles sugerencias para mejorarlo.

* * *

Ya puedes considerar que estás preparado para hacer un juego con modo multijugador. En los mejores juegos de Roblox, en los más jugados y en los más populares, los jugadores se conectan a internet y juegan juntos.

CAPÍTULO 13

ACABAR EL JUEGO

213

Como primera impresión solo hay una, la primera vez que un jugador entre en contacto con tu juego, la experiencia se le grabará para siempre. Hagas lo que hagas, no vas a poder borrar lo que ha sentido durante esos primeros minutos. En los juegos sencillos de Roblox, que por lo general son gratuitos, los primeros segundos tienen una importancia extrema.

Aun así, tan importante como la primera impresión es la forma en la que termina el juego. Como ya hemos dicho, al igual que en el caso anterior, no puedes cambiar ni maquillar la forma en que un jugador experimenta el conjunto de la aventura ni lo que opina al acabar. Un final aburrido, malo o absolutamente predecible puede estropear un juego bueno en conjunto. Para evitar este tipo de situaciones, tienes que saber acabar bien los juegos. Aquí vamos a explicar cómo rematarlos:

- Edita y personaliza los modelos aún más.
- Añade un sonido personalizado.
- Cambia el cielo.
- Pon una tabla de clasificación.
- Remata el juego para publicarlo.

SIGUE EDITANDO Y HACIENDO AJUSTES

Es muy importante lograr que tu juego destaque, pero no te dejes llevar por esa sensación de que hay que cambiar las cosas sin motivo una y otra vez. Si tienes una idea clara y definida de cómo debería ser tu mundo y los elementos de la caja de herramientas te sirven para hacer realidad ese proyecto, úsalas.

Por otro lado, no dejes que los elementos que están en la caja de herramientas te limiten. Si quieres un vehículo de un color o un tipo concretos y no lo encuentras, también deberías ser ya capaz de editar y crear cosas sin ayuda.

Cuando crees tus primeros juegos, similares a los que hemos descrito en este libro, no te avergüences si no cambias demasiado las cosas. Los primeros juegos no serán demasiado originales, pero ¡no pasa nada! ¡Todavía estás aprendiendo! Siempre y cuando seas consciente de lo que tienes que mejorar en los próximos juegos, vas bien.

No obstante, llegará un punto en el que te apetecerá personalizar tus juegos. En Roblox es un proceso muy intuitivo, y el primer paso es el más sencillo: solo tienes que editar lo que ya existe en la caja de herramientas, la Toolbox de Roblox Studio.

EDITAR OBJETOS DE LA TOOLBOX

Para que un objeto de tu juego se personalice varias veces, lo mejor es coger algo de Roblox Studio y cargarlo en el programa para que lo usen los demás. Se hace a través del panel Toolbox (Caja de herramientas) como ya explicamos en el capítulo 6 de este libro. Para inspirarte, vamos a hacer un par de cosas. En la barra de búsqueda de la Toolbox escribe horse. En esta imagen aparece un caballo que he encontrado yo. Después, he cogido y lo he añadido a la plantilla Castle.

Roblox Corporation
UN CABALLO DE LA CAJA DE HERRAMIENTAS

El caballo de la imagen parece bastante normal. Es bonito, pardo y lleva silla y todo lo que esperarías ver en un caballo, pero ¿y si quisieras que fuera el líder de la manada?

Tendría que ser un poco más elegante que un caballo normal y corriente, ¿verdad?

Para darle al caballo un toque de estilo, podemos cambiar un par de colores. Así destacará más. Coge y varía el color de alguna parte de la silla, pon unos adornos de oro sobre las pezuñas y vuelve dorada la brida que lleva alrededor de la cabeza. Con esos pequeños ajustes, el caballo ya ha cambiado bastante. A continuación, añade un par de caballos básicos para tener una manada. ¡Cuando hayas terminado, parecerá que los caballos están listos para emprender un viaje! En la imagen verás cuánto pueden mejorar las cosas con un par de cambios rápidos.

Roblox Corporation

TRES CABALLOS CON PEQUEÑOS AJUSTES

Roblox Studio te permite editar muchísimas cosas. Fíjate en el panel de exploración (Explorer) que aparece en la imagen anterior del caballo. Aquí puedes seleccionar las partes que forman los objetos y editarlas. Hasta puedes ajustar los scripts para variar lo que van a hacer. Recuerda cómo cambiamos la hora del día para tener un cielo nocturno en el primer Obby que hicimos en el capítulo 4 y cómo variamos el script de un zombi en el capítulo 9. Con una pizca de creatividad, de paciencia y de habilidades informáticas, no es nada difícil ir personalizando poco a poco tu juego de Roblox. Y si quieres crear tus propios modelos en Roblox, también puedes hacerlo. Repasa los detalles en el capítulo 6.

CARGAR UN SONIDO PROPIO

Para personalizar el juego, una de las mejores ideas es cargar un audio personalizado, distinto a los sonidos pregrabados que hay disponibles en Roblox. Elegir la canción adecuada o el efecto de sonido perfecto podría significar la diferencia entre un juego al que se juega una sola vez y otro al que el jugador vuelve sin parar.

CARGAR TUS ARCHIVOS DE AUDIO

Hay que pagar en Robux para cargar un archivo de audio nuevo en Roblox. Todos los archivos que se carguen se revisarán para comprobar de que son aptos para todos los públicos. Además, los clips de audio no pueden superar los siete minutos ni los 19,5 MB.

El precio variará según la duración y el tamaño del archivo y del tipo de sonido que sea. Para cargar un sonido, lo único que hay que hacer es acceder a la página web de Roblox y pinchar en Crear en la barra de menús. En la página, localiza el botón Empezar a crear. Una vez que hayas aceptado los términos y condiciones, busca el link Audio en la lista de opciones que aparece a la izquierda y pulsa encima. El botón Empezar a crear no aparecerá en la página web de Roblox si ya has estado en la página Crear antes. En ese caso, aparecerás directamente en la pantalla en cuestión en cuanto pinches en Crear en la página de inicio de Roblox. Después de hacer clic en Audio, estarás en la pestaña Create an Audio (Crear un audio), donde podrás cargar un archivo de sonido, como una canción o un efecto de sonido, nómbralo y Roblox te dirá cuántos Robux te costará cargarlo en el programa.

USA SONIDOS QUE YA ESTÁN EN ROBLOX

Si quieres limitarte a usar un sonido que ya está disponible en Roblox, hazlo a través de la caja de herramientas de Roblox Studio, como haces con los modelos.

CAMBIAR EL CIELO EN UN JUEGO

El cielo que aparece por defecto en la mayoría de los juegos de Roblox es estupendo: un precioso cielo azul con alguna que otra nube y el sol del amanecer es un clásico en la mayoría de los proyectos. Sin embargo, puede que a ti te apetezca elegir algo un poquito distinto. Al principio del libro, te explicamos cómo ajustar la hora del cielo que aparece por defecto, pero es posible que quieras cargar un cielo completamente distinto. ¡Por suerte, Roblox Studio te permite hacerlo!

ENTENDER SKYBOX

En primer lugar, tienes que entender cómo funciona el cielo en Roblox. Como la mayoría de los motores de juego, Roblox utiliza algo llamado skybox, porque el cielo es una colección de imágenes conectadas entre sí para que tengan la apariencia de un cielo que rodea el nivel. Hay que configurar las imágenes bien para que funcione, así que es difícil partir de cero. Piensa en lo fastidioso y lo frustrante que es colocar una pegatina en alguna superficie para que luego se quede torcida y arrugada o lo complicado que es ponerle un protector de pantalla al móvil. Imagínate que aquí se trabaja con varias imágenes gigantes que tienen que alinearse a la perfección para que el cielo parezca tridimensional. ¡No es fácil!

CONSEGUIR UNA SKYBOX NUEVA

Encontrarás un montón de skyboxes chulísimos en Google, en los foros de Roblox y en los posts oficiales de Roblox. También hay algunos en la Toolbox de Roblox Studio. Solo tienes que escribir skybox en la barra de búsqueda y los verás. Cuando pulses encima de alguno, el programa lo incluirá automáticamente en el mundo de tu juego y te dará un cielo nuevo estupendo.

AÑADIR UNA TABLA DE CLASIFICACIÓN

Uno de los toques finales más importantes que puedes darle a cualquier juego es una tabla de clasificación. Cuando múltiples jugadores compiten entre sí, necesitan saber cuántos puntos llevan y quién va ganando. ¡Para eso están las tablas de clasificación!

Para crear una tabla en Roblox, necesitas un script. Hay docenas de scripts listos para descargártelos en el apartado Models (en Library) de la página web de Roblox o en la Toolbox de Roblox Studio. Por ejemplo, vamos a utilizar el script oficial Leaderboard que ya está hecho y cargado en Roblox. Puedes encontrarlo en esta página: www.roblox.com/library/53310/Leaderboard.

Este script crea una tabla de clasificación que aparece en la esquina superior derecha de la pantalla mientras juegas. En ella consta una lista de jugadores con un número al lado que indica el número de muertes que ha conseguido cada uno. Aquí los llaman KO, como en boxeo. También pone cuántas veces han muerto (Wipeouts).

Puedes conseguir el script de dos formas:

1. En el link que te hemos dicho, pulsa el botón Obtener y se añadirá a tu inventario de modelos. Cuando entres en Roblox Studio, busca My models (mis modelos). Aparecerán todos los modelos que has hecho o añadido. Deberías ver Leaderboard de Roblox.

2. La otra forma es acceder a la Toolbox desde Roblox Studio y escribir Leaderboard en la caja de búsqueda. Aparecerán docenas de resultados, pero solo hay un script correcto. Pasa el ratón por encima hasta que encuentres el oficial, que tendrá como nombre de usuario Roblox.

Cuando lo encuentres, solo tienes que pulsar encima en la Toolbox y se añadirá al juego de forma automática. En el panel de exploración, que está a la derecha de Roblox Studio, se llamará LinkedLeaderboard por defecto. El texto del script es muy largo y no cabe en este libro.

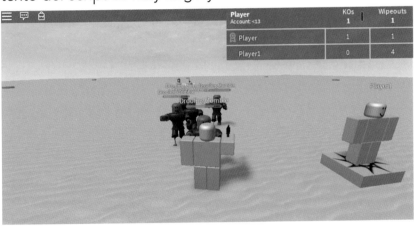

Roblox Corporation
LA TABLA DE CLASIFICACIÓN QUEDARÁ ASÍ

No tienes que hacer nada más con el script. No hace falta retocarlo. Llevará la cuenta de los ko y las muertes de forma automática en cualquier juego de acción multijugador sencillo, como ves en la captura de pantalla. Si lo pones o no en otros juegos, depende solo de ti y de cómo quieres que sea tu juego.

ACABAR EL JUEGO PARA PUBLICARLO

Cuando hayas terminado de trabajar en el juego, ya sea un Obby, un juego de carreras, un juego de acción o cualquier otra cosa, y consideres que está listo para que los desconocidos que entren a internet lo vean, habrá llegado el momento ¡de publicarlo en Roblox!

Este último paso es sencillísimo y el proceso es muy parecido al de publicar un modelo en Roblox. Esto es lo que tienes que hacer:

1. Revisa tres veces todos los detalles del juego para comprobar que funciona tal y como quieres.
2. Pulsa en el botón File (Archivo), que está en la esquina superior izquierda de Roblox Studio y pulsa Save as... (Guardar como…). Guarda una copia de seguridad del proyecto en tu ordenador.
3. Vuelve a pulsar en el botón File de la esquina superior izquierda de Roblox Studio y elige la opción Publish to Roblox as… (Publicar en Roblox como…).
4. Haz clic en la opción Create New (Crear nuevo) para que tu juego esté guardado en un espacio nuevo.

Basic Settings

Thumbnails

Access

Advanced Settings

Basic Settings

Name:

Epic Action Game

Description:

Engage in intense multiplayer battles against your friends online! Take up arms using an assault rifle and sword to fight off other Roblox players and zombies in this battle royale!

Genre:

Fighting

Create Place   Cancel

Roblox Corporation
DA DETALLES DE TU JUEGO EN ESTA VENTANA

5. Ahora deberías ver la ventana de esta imagen. Da información básica sobre tu juego: escribe el nombre, la descripción y elige el género en el menú desplegable. Puedes tomar como ejemplo esta captura o ver lo que ponen otros usuarios de Roblox en las páginas de sus juegos.

6. Pulsa Thumbnails (Miniaturas) en el menú de la izquierda y carga imágenes de tu juego.

7. Haz clic después en Access (Acceso) en el menú de la izquierda y decide qué tipo de jugadores pueden entrar a tu juego. Puedes limitarlo a los que jueguen en el ordenador, en el móvil, en la tableta o en la consola o elegir varias opciones o las cuatro. También puedes limitar el número de jugadores o indicar cuál es el número apto. Hasta puedes decidir que solo accedan los

miembros del Builders Club y habilitar un servidor VIP para jugadores que quieran hacer partidas privadas pagando unos cuantos Robux.

8. Pulsa en Advanced Settings (Configuración avanzada) en el menú de la izquierda y elige en qué géneros se podría englobar el juego. Puede ser el que has elegido o todos. También puedes decidir qué tipo de objetos pueden usar los jugadores en el juego (en Gear) y verás información sobre otro tipo de permisos, como las restricciones de los chats.

Cuando lo hayas configurado todo a tu gusto, pulsa en el botón verde de la parte de abajo donde pone Create Place (Crear espacio) y el juego se cargará. ¡Ahora todo el mundo podrá probarlo en Roblox!

* * *

Hemos descrito varias de las formas que tienes para personalizar y acabar tu juego de Roblox. Así será todavía un poquito más tuyo. Existen muchas otras maneras de personalizar los juegos, que descubrirás cuando te lances a investigar las opciones que ofrece Roblox Studio.

Ya solo nos queda un capítulo. En él vamos a explicar cómo puedes ganar dinero de verdad en Roblox. Después, habrás terminado el libro. Solo quedará la sección de preguntas frecuentes para padres o tutores y otra de más fuentes que puedes consultar.

CAPÍTULO 14

GANAR DINERO CON ROBLOX

227

Este último capítulo se centra en cómo puedes ganar dinero de verdad con Roblox. Todo el mundo sabe que en Roblox puedes jugar gratis a miles de juegos y que puedes hacer tus propios juegos para compartirlos online, pero ¿sabías que también puedes llegar a ganar dinero en el mundo real con tus creaciones?

¡Pues es así! De hecho, en Roblox puedes ganar dinero por distintas vías, y algunas son muy sencillas. Evidentemente, esto no quiere decir que te vayas a hacer millonario ni que vayas a poder dejar los estudios ni que nunca tendrás que buscarte un trabajo normal. En cualquier caso, si a tus padres o tutores les parece bien, puedes sacarte un dinerillo extra haciendo cosas chulas en Roblox. En este último capítulo del libro, te voy a enseñar a:

- Intercambiar Robux.
- Ganar dinero con juegos de tu creación.
- Intercambiar objetos.
- Usar links de promociones.
- Evitar los juegos y las páginas de estafadores.

CÓMO SE MANEJA EL ROBUX

Como Roblox es un juego en el que se utiliza en exclusiva una moneda digital, el Robux, ganar dinero con él no es tan sencillo como venderles cosas directamente a otros usuarios. Cuando un usuario les paga un dinero a los creadores de Roblox, este recibe a cambio Robux, que puede gastarse después en Roblox. Si el usuario adquiere algo que ha creado otro jugador (en lugar de los creadores de Roblox), este recibirá parte de los Robux pagados en la transacción.

Cuando un usuario ahorra Robux suficientes, los puede cambiar por dinero real a través del programa de cambio para desarrolladores. En otras palabras, los usuarios no reciben dinero en metálico directamente, pero sí que pueden cambiar los Robux por dinero de curso legal. Es un poco como cuando te dan una tarjeta regalo de una tienda, solo que, en este caso, en lugar de prendas, te dan dinero.

Hay muchísimas formas de ganar dinero en Roblox, así que vamos a dedicar el resto del capítulo a describirlas.

GANAR DINERO EN ROBLOX NO ES FÁCIL

Lo cierto es que llegar al nivel en el que ya seas capaz de ganar dinero en Roblox es muy difícil. Saber hacer un par de juegos sencillos como los descritos en este libro no implica que vayas a ganar dinero en Roblox.

Aunque se te ocurra una idea genial, sepas cómo llevarla a cabo y la hagas realidad, es probable que no ganes dinero. Puedes jugar a Roblox y crear juegos, pero hazlo porque te interesa. Por desgracia, hacerse rico rápidamente no sería una razón buena para jugar.

Dicho esto, sí que es posible ganar dinero en Roblox. ¡Vamos a ver cómo!

GANAR DINERO CON TUS JUEGOS

La mayoría de los usuarios de Roblox entran casi siempre a jugar. Se pueden hacer muchas otras cosas, desde hablar con amigos a mandar mensajes, pasando por intercambiar artículos, personalizar tu avatar y, por supuesto, crear en Roblox Studio. Sin embargo, la principal fuente de diversión para millones de jugadores es sencillamente jugar a los juegos de Roblox. La mejor estrategia para ganar dinero haciendo juegos en Roblox es encontrar el equilibrio perfecto entre pedir a los jugadores que paguen por entrar, vender Game Passes (Pases de juegos) y cobrar por productos desarrollados. Centrarse solo en una de las estrategias no sería tan eficaz como utilizar estas tres, o las dos que encajen con lo que estás haciendo. No te olvides de intentar cobrar un precio justo.

COBRAR ROBUX POR EL ACCESO

La forma más habitual y popular de ganar dinero en Roblox es sencillamente cobrarle a la gente que quiere jugar a los juegos que has creado. Si accedes a la página web de Roblox con intención de jugar a un juego, es probable que veas que casi todos son gratuitos. Lo único que hay que hacer para jugar a estos juegos es pulsar el botón enorme de Jugar que aparece en la página.

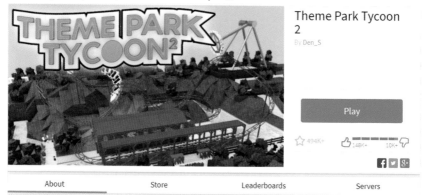

Theme Park Tycoon 2
By Den_S

Play

494K+   148K+   10K+

About   Store   Leaderboards   Servers

Usuario de Roblox: Den_S
LA PANTALLA DE ACCESO AL JUEGO *THEME PARK TYCOON 2*

Como ves en la imagen, el juego *Theme Park Tycoon 2* es gratis. ¡Lo único que tienes que hacer para entrar es darle a Jugar! En la mayoría de los casos, los juegos que se publican en Roblox son completamente gratis para que los usuarios jueguen como y cuando ellos quieran.

Sin embargo, también existe la posibilidad de escoger entre los que haya que pagar para poder jugar. En ese caso, en lugar del botón Jugar, tienen un botón de Acceder por y la cantidad de Robux que cuesta.

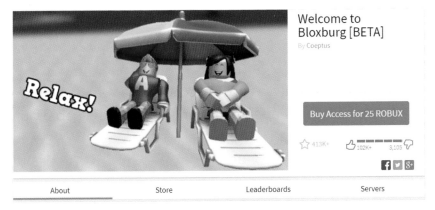

Usuario de Roblox: Coeptus
PANTALLA PARA ACCEDER AL JUEGO WELCOME TO BLOXBURG

En este ejemplo de *Welcome to Bloxburg* verás que para jugar hay que tener 25 Robux en la cuenta. Cuando pulsas en el botón de acceso, los Robux se descuentan de tu cuenta. Una vez que has pagado el acceso, el juego estará siempre abierto para ti. No tendrás que volver a comprar el acceso. Es igual que cuando compras una aplicación o un juego para el móvil o la consola. Luego, puedes jugar siempre que quieras.

Es muy habitual que los usuarios intenten ganar dinero así en Roblox, pero no es necesariamente la mejor forma. Después de pagar el acceso, los jugadores no volverán a pagar nada, así que podrás ganar dinero, pero solo un tiempo.

GAME PASSES (PASES DE JUEGO)

Otra forma popular de ganar dinero con los juegos que has hecho en Roblox Studio son los Game Passes o pases de juego. Habrás oído hablar de que algunos juegos para móvil, ordenador o consolas como la PlayStation 4 o la Xbox One ofrecen contenido descargable. Los Game Passes se parecen mucho a esto.

¿Cómo funciona este sistema? Una vez que el jugador ha comprado el acceso a tu juego o está jugando gratis, puede ir a la sección Tienda de tu juego y pagarte un pase de juego. Hay Game Passes muy diferentes, que te ofrecen todo tipo de ventajas que no puedes conseguir dentro del juego. Por ejemplo, aquí tenemos los pases que podemos adquirir si queremos en *Welcome to Bloxburg*.

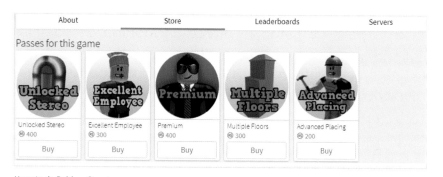

Usuario de Roblox: Coeptus
PASES DE JUEGO QUE HAY EN LA TIENDA DE *WELCOME TO BLOXBURG*

Los pases que aparecen en este caso son Unlocked Stereo, Excellent Employee, Premium, Multiple Floors y Advanced Placing. Cuando pulsas en uno, en Premium, por ejemplo, accedes a otra pantalla con más información sobre dicho pase.

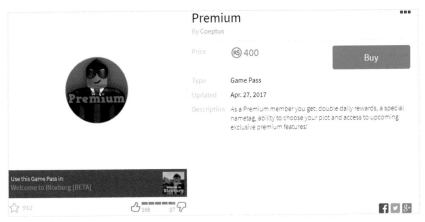

As a Premium member you get: double daily rewards, a special nametag, ability to choose your plot and access to upcoming exclusive premium features!

Use this Game Pass in:
Welcome to Bloxburg [BETA]

Usuario de Roblox: Coeptus

EL PASE DE JUEGO PREMIUM DE *WELCOME TO BLOXBURG*

Este pase de juego te ofrece un montón de ventajas cuando juegas a *Welcome to Bloxburg*. Al adquirirlo, obtienes:

- El doble de recompensas diarias en el juego.
- Una chapa especial para tu nombre.
- La posibilidad de elegir un argumento en el juego.
- Muchas más ventajas que se irán desarrollando en exclusiva para los jugadores prémium.

Como verás, el creador de este juego preparó este pase de juego para aquellos a los que les gusta mucho jugar y que puede que lo hagan hasta a diario. Ese es el tipo de jugador que más se beneficiará al comprar este pase.

Los otros Game Passes de *Welcome to Bloxburg* ofrecen otras ventajas muy distintas:

- El pase Unlocked Stereo te permite escuchar cualquier pista de Roblox Sound ID del juego y te da acceso a más zonas para poner música.
- El pase de juego Advanced Placing te permite colocar objetos en más zonas cuando construyes dentro del juego.

Algunos usuarios crean pases de juego que se llaman Propinas o parecido y les piden a los jugadores que hagan donativos para darles las gracias por lo mucho que han trabajado.

A la hora de crear un Game Pass para tu juego, es importante que tengas claro para qué tipo de jugador lo estás haciendo. Es decir, que deberías conocer sus gustos. Por ejemplo, si creas un Obby, tendría sentido crear un pase de juego de vidas ilimitadas para que los jugadores no tengan que empezar de cero cuando se queden sin vidas. Por el contrario, en el Obby, no tendría sentido ofrecer algo similar al pase Unlocked Stereo.

DEVELOPER PRODUCTS (PRODUCTOS DE DESARROLLADOR)

Un jugador solo puede comprar un pase de juego una vez, pero puede adquirir todos los productos de desarrollador o Developer Products que quiera. Hay muchas formas de añadir este tipo de producto a tu juego.

Comprar mejoras

Algunos desarrolladores de juegos utilizan los productos que crean, los Developer Products, para ganar dinero y los venden a cambio de la moneda del juego. Imagínate que estás jugando a un juego de rol de Roblox en el que eres un guerrero, pero no tienes oro suficiente para comprarte una espada nueva en el pueblo. Existe la posibilidad de que el desarrollador del juego te deje conseguir oro pagando con Robux en lugar de ganándotelo poco a poco en el propio juego. A esto nos referimos con lo de comprar mejoras, con las que las partidas son más fáciles y menos frustrantes.

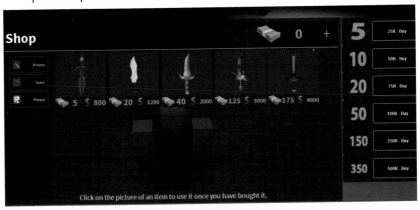

Roblox Corporation
UN EJEMPLO DE VENTAS DENTRO DE UN JUEGO

Esta imagen es un ejemplo de cómo ofrecer productos del desarrollador, que se pagan con la moneda del juego, a los jugadores dentro del juego.

PARTIDAS EXTRA

Este tipo de productos se pueden usar para muchas cosas. Por ejemplo, algunos juegos de Roblox son gratuitos, pero solo determinado número de partidas. Si cuando las gastas, quieres seguir jugando, quizá tengas que comprar las partidas extra que te ofrezcan como Developer Product. Funcionan como las vidas extra de un videojuego.

COMPRA E INTERCAMBIO DE OBJETOS DE EDICIÓN LIMITADA

Cuando juegues en Roblox, es probable que te encuentres con objetos de edición limitada. Son objetos que los creadores de Roblox vendían a los usuarios, pero que ya no están a la venta. Es como un Lego que ha dejado de producirse o una carta que ya no se publica. Si como jugador te puedes permitir comprar uno de estos objetos, serías el orgulloso propietario de un objeto de colección. Sin embargo, puesto que a la gente le encanta coleccionar objetos raros que tienen relación con las aficiones que más les gustan, como Roblox, te podrás imaginar lo frustrante que debe de ser no conseguir comprar un objeto de edición limitada chulísimo.

Esto le pasa a todo el mundo. Los creadores de Roblox hacen pocas unidades a propósito porque quieren que ciertos objetos sean especiales. Un buen ejemplo sería que sacaran a la venta un sombrero nuevo como parte de una promoción especial de solo mil unidades que dura una semana. Como a Roblox juegan millones de personas al mes, serán muchísimos los usuarios que se quedarán sin el sombrero.

Y de ahí es de donde surge la venta e intercambio de objetos de Roblox. Si consigues comprarles directamente a los creadores de Roblox un objeto de edición limitada, guárdalo bien y espera un par de meses a que se haya agotado. En ese momento, seguramente encontrarás a alguien que esté dispuesto a comprarlo y a pagar mucho más de lo que pagaste tú por él.

Sin embargo, esta estrategia conlleva un par de riesgos:

- No hay garantía de que el objeto de edición limitada que has comprado vaya a valer mucho más en el futuro, aunque sea lo que pasa normalmente.
- A veces cuesta encontrar a alguien que quiera comprar o intercambiar el objeto del que quieres deshacerte.

Entrar en los grupos de Roblox es un buen método para buscar a compradores interesados.

EVITA LAS ESTAFAS DE ROBUX

Ahora que ya hemos hablado de algunas formas que tienes para ganar dinero en Roblox, deberías aprender qué no debes hacer en ningún caso con ese fin. En internet, habrá gente que intentará engañarte y mentirte, así que es importante que tengas cuidado y estés alerta siempre que hables con un desconocido online o juegues a un juego multijugador como Roblox.

A partir de ahora, voy a referirme a estas situaciones en las que quieren engañarte con Robux como estafas.

Por lo general, las estafas suelen producirse en Roblox en la sección de comentarios de los juegos, los foros y los mensajes de otros jugadores. Muchos usuarios crean cuentas y luego, cuelgan mensajes contando que pueden conseguir Robux gratis para los jugadores, pero nunca es cierto. A veces, te piden el nombre de usuario y la contraseña o te dicen que pulses en un link que lleva a una página web donde puedes conseguir Robux gratis. No debes fiarte nunca de nadie. La única forma de conseguir Robux en Roblox es pagarlos o ser miembro del Builders Club. Si alguien te dice que pulses en algún sitio o que te apuntes a algo para conseguir Robux gratis es una estafa.

Del mismo modo, en la sección Juegos de la página web de Roblox, puedes encontrarte juegos donde diga que, si juegas, conseguirás Robux gratis, que solo tienes que dar el nombre de tu cuenta y la contraseña. Es una estafa. De hecho, no le des nunca jamás tu contraseña a nadie. Te lo repito: la probabilidad de que sea una estafa es del cien por cien. No se pueden obtener Robux así.

Si quieres más información sobre seguridad online y sobre cómo proteger tu cuenta, habla con tus padres o tutores.

* * *

¡Esto es todo! ¡Has llegado al final del libro! Enhorabuena. ¡Ahora lánzate a hacer grandes juegos!

PREGUNTAS FRECUENTES PARA PADRES O TUTORES

Esta sección contiene preguntas que suelen plantearse los padres o tutores sobre Roblox.

¿CÓMO FUNCIONA ROBLOX?

Así es como funciona Roblox:

- Un nuevo usuario debe dar un nombre de usuario cuando crea una cuenta. En el mundo digital, lo representará un avatar.
- Los usuarios hablan entre sí a través del chat de los juegos, de mensajes privados y de los foros online. Es posible elegir quién se puede comunicar con ellos.
- A todo usuario se le proporciona un espacio de juego, una especie de propiedad virtual donde puede construir cosas y crear experiencias.
- Cuando un usuario juega en el juego de otra persona, solo se le identifica por su nombre de usuario y su avatar virtual.
- Los usuarios pueden usar dinero de curso legal para adquirir Robux, que en el juego aparecen muchas veces con el símbolo R$. Se trata de una moneda digital del mundo del juego que permite a los usua-

rios comprar contenido prémium, objetos especiales y otras recompensas dentro de los juegos.

- Los mayores de trece años pueden vender objetos a cambio de Robux. Los Robux pueden cambiarse por dinero real a través del programa de cambio para desarrolladores.

Para crear una cuenta, hay que proporcionar cierta información como el nombre, la edad y la dirección de email, pero Roblox no enseñará ni dará dicha información a otros usuarios. Roblox solo la utiliza para asegurar que la experiencia sea apropiada al usuario. Los menores de trece años necesitan la ayuda de uno de los padres o tutores para crear una cuenta completa.

¿CUÁL ES LA POLÍTICA DE PRIVACIDAD DE ROBLOX?

La política de privacidad de Roblox se creó como respuesta a su preocupación por la información de los usuarios, por cómo se accede a ella y por cómo se comparte. Esta política se actualiza constantemente para tener en cuenta los cambios y novedades. Puedes consultarla en este enlace: https://en.help.roblox.com/hc/es/articles/115004630823-Roblox-Privacy-and-Cookie-Policy

¿QUÉ INFORMACIÓN RECOGE ROBLOX DE LOS USUARIOS?

Roblox no recoge información de los usuarios mientras juegan. Las cookies, balizas, etiquetas y otras tecnologías similares se utilizan exclusivamente para estar al tanto de las tendencias y preferencias. Si hay bugs en el juego o se cuelga, se envía un informe a Roblox, que analizará lo que ha pasado e intentará arreglar el problema. Es el mismo sistema que permite que páginas como Amazon te manden un mail sobre algo que has visto en otro momento o por el que ves en Facebook o en YouTube anuncios de cosas que has estado buscando en internet.

¿QUÉ TIPOS DE CONTROL PARENTAL HAY EN LA WEB?

Los niños menores de trece años deben dar la dirección de email de uno de sus padres o tutores cuando crean una cuenta. Después, este recibirá una notificación por email para configurar la cuenta.

Si tu hijo tiene menos de trece años, solo podrá participar en Roblox en el llamado modo privado. Este sistema filtra ciertas palabras e impide que otros usuarios interactúen con él si no está dentro de un juego. También se vigila el chat y el tablón de mensajes para que tu hijo no pueda compartir ningún tipo de información privada. En todo momento, se filtran todos los textos en busca de blasfemias, palabrotas y contenido no apto para niños mediante un sistema automático con soporte humano. En la sección Privacidad de Mi configuración, se elige quién puede ponerse en contacto con tu hijo dentro del juego y quién puede enviarle invitaciones directas. El primer campo se llama Configuración de contacto y tiene seleccionada la opción Predeterminado. La configuración predeterminada solo permite comunicarse por mensajes y chat con los amigos. Sin embargo, dentro de los juegos, cualquiera de los jugadores podrá hablar con el menor. Por eso, es posible elegir quién puede enviarle mensajes, quién puede chatear con él en el programa y quién puede hacerlo dentro de los juegos. Si no te gusta la configuración predeterminada, solo tienes que ajustarla.

El cuadro de Otras configuraciones determina quién puede invitar a tu hijo a los servidores VIP y quién puede unirse a él en los juegos. Por defecto, la opción que aparece seleccionada en los campos ¿Quién puede invitarme a servidores VIP? y ¿Quién puede hablar conmigo en el juego? es Amigos, pero puede limitarse más o abrirse a todo el mundo. Tú decides qué es lo más apropiado.

Si tienes dudas, quieres pedir que cambiemos algo o deseas más información sobre cualquier detalle de Roblox, puedes ponerte en contacto con los creadores del juego mandando un email a info@roblox.com.

¿ROBLOX ESTÁ CONECTADO A LAS REDES SOCIALES?

Puede, pero no tiene por qué estarlo. En la sección Redes Sociales, dentro de Información de la cuenta, puedes añadir enlaces a las cuentas de Facebook, Twitter, Google+, YouTube y Twitch. También existe la opción de ajustar la configuración para que nadie pueda ver las direcciones o para que puedan verlas los amigos, los usuarios a los que sigues, tus seguidores o todo el mundo. Si decides poner un link a dichas cuentas, tendrás la posibilidad de colgar en tu muro o en las noticias cosas como insignias de forma automática. También podrás entrar en tu cuenta de Roblox a través de Facebook y poner links a todos tus perfiles y canales para que los vean amigos y seguidores.

¿PODRÍA MI HIJO VER CONTENIDO INAPROPIADO ACCIDENTALMENTE?

Los mecanismos de privacidad de Roblox filtran una buena parte del contenido inapropiado, pero distan mucho de ser perfectos. Algunos usuarios crean juegos de apariencia inocente, pero les añaden contenido inapropiado que se les pasa por alto tanto a los filtros como a los moderadores. Podría tratarse de material de carácter sexual, palabrotas o violencia explícita u otros temas para adultos.

Por lo general, enseguida se denuncia y se retira u oculta dicho contenido, pero existe la posibilidad de que un niño vea, lea u oiga algo inapropiado.

¿QUÉ HACE ROBLOX PARA ASEGURAR LA SEGURIDAD DE LOS MENORES?

Roblox ha recibido el sello kidSAFE-CERTIFIED por su página web, la experiencia de usuario y los programas de juego. Eso significa que la institución de seguridad independiente kidSAFE ha concedido al programa un sello que garantiza que cumple con los estándares de seguridad y privacidad online.

Además, le han concedido el sello kidSAFE + COPPA-CERTIFIED, que es aún más estricto. Esto significa que el programa cumple con la ley estadounidense Children's Online Privacy Protection Act (COPPA), que entró en vigor en el año 2000. Si deseas más información sobre el programa kidSAFE y sus sellos, puedes visitar la página web: www.kidsafeseal.com/aboutourseals.html.

¿PUEDE CHATEAR MI HIJO CON OTROS JUGADORES?

Sí. Todos los juegos cuentan con chats para que los usuarios puedan hablar con otros usuarios que estén jugando al mismo juego. En la sección Privacidad de Mi configuración, puedes elegir quién puede ponerse en contacto con tu hijo. El primer campo se llama Configuración de contactos y te permite elegir quién puede enviarle mensajes al usuario, quién puede chatear con él en la web y quién puede chatear con él dentro de los juegos.

¿LAS VENTANAS DE CHAT FILTRAN EL LENGUAJE INAPROPIADO?

Sí, pero aunque sea una cuenta para menores de trece años, es posible que a los filtros se les escapen algunos tacos y lenguaje vulgar. La razón es que muchos usuarios usan la creatividad a propósito a la hora de escribir esos mensajes y sustituyen las letras con símbolos o números para que el sistema no capte de inmediato el lenguaje inapropiado.

Jugar online con desconocidos entraña siempre ciertos riesgos y poco se puede hacer que no se esté haciendo ya.

¿CUÁNTO CUESTA ROBLOX?

En Roblox hay cuatro tipos de socios. Si acabas de abrirte una cuenta, será gratuita. Con esta cuenta, los socios pueden jugar y publicar juegos básicos, pero no tendrán acceso a las opciones más avanzadas del juego. No tienen una asignación de Robux diaria para adquirir objetos prémium, verán anuncios en los juegos y en la web, no pueden crear grupos y no pueden vender nada ni recibir equipo extra entre otras muchas ventajas.

En el Builders Club, hay tres categorías de socios de pago: Clásico, Turbo y Outrageous. Los beneficios aumentan con el precio. Si merece la pena pagar la cuota mensual o no, es algo totalmente subjetivo y depende no solo de cuánto juega tu hijo a Roblox, sino también de cómo juega.

Si solo quiere entrar para jugar a los juegos gratuitos de vez en cuando, seguramente no merece la pena entrar en el Builders Club. Sin embargo, si quieres que tu hijo ponga a la venta los objetos o el contenido de los juegos o que se involucre más en la comunidad, entonces convendría que eligieras una categoría de pago.

¿CÓMO PUEDE UTILIZAR ROBLOX PERSONAJES Y FRANQUICIAS CON COPYRIGHT?

Roblox es una plataforma curiosa. Puesto que Roblox como tal es un juego al que se accede gratis y que solo alberga creaciones de otros usuarios, que en su mayoría son también gratis, el tema de los derechos de autor no suele ser importante. Sin embargo, la cosa no está tan clara cuando los usuarios crean juegos enteros, como *Pokémon Brick*

Bronze, que copian y utilizan directamente material protegido por derechos de autor.

Según la información oficial sobre los términos de uso y las preguntas frecuentes que constan en Roblox, los usuarios solo pueden utilizar contenido protegido por derechos de autor —como es el caso de Pokémon— si los creadores les han dado permiso por escrito. Dicho esto, es probable que The Pokémon Company piense que no merece la pena perder el tiempo en denunciar un proyecto pequeño de un fan como es *Pokémon Brick Bronze*, puesto que los usuarios solo ganan dinero con las ventas de artículos del juego, pero no con la venta ni la propiedad del material protegido en sí.

¿CÓMO FUNCIONA LA MONEDA ROBUX?

Los usuarios pueden adquirir Robux, la moneda digital que solo se utiliza en la página web de Roblox, con tarjeta de crédito. Es posible hacer una compra puntual o suscribirse y pagar una tarifa mensual, con la que recibirás una paga diaria de Robux. Los Robux pueden usarse para comprar:

- Acceso a algunos juegos.
- Artículos que podrán llevar los personajes del juego.
- Opciones especiales o acceso a niveles de los juegos.

¿CÓMO PUEDE GANAR MI HIJO DINERO CON ROBLOX?

Si tu hijo crea un juego o nivel y decide que los usuarios paguen Robux para acceder o un artículo que se compre con Robux, recibirá una parte de los Robux en su cuenta cada vez que alguien compre el acceso o el artículo. Los Robux pueden volver a cambiarse por dinero real a través del programa de cambio para desarrolladores. Este proceso se llama Convertir en efectivo. Para poder cobrar, el usuario debe tener un mínimo de cien mil Robux y ser miembro de la categoría Outrageous del Builders Club de Roblox. La tasa de cambio por Robux cambiará con el tiempo, igual que pasa con el dinero real.

¿SE PRODUCEN ESTAFAS DENTRO DE ROBLOX?

Por desgracia, sí. A veces, algún jugador ofrecerá Robux gratis. Muchos usuarios crean cuentas y cuelgan mensajes donde dicen que pueden conseguirles Robux gratis a los jugadores, pero no es cierto; o salta hasta una ventanita mientras juegas donde dice que recibirás Robux gratis si das el nombre de tu cuenta y la contraseña. También es una estafa. La página web está siempre pendiente de estos casos y cierra los juegos lo antes posible, pero igual que pasa en el resto de internet, esto pasa de vez en cuando.

OTRAS FUENTES DE CONSULTA

Roblox es un juego inmenso y muy completo. Es imposible dominar Roblox leyendo solo este libro. De hecho, como Roblox es una plataforma online que permite que los jugadores hagan sus propios juegos, los cambios y las actualizaciones son constantes. Es sencillamente imposible saberlo todo sobre el programa. Por esa razón, he preparado una lista de fuentes de consulta a las que puedes recurrir si quieres seguir aprendiendo cosas sobre Roblox y sobre todo lo que se puede hacer con Roblox Studio.

Algunas de las fuentes son oficiales, es decir, que pertenecen a Roblox Corporation, la empresa que ha creado Roblox. Las demás, al igual que este libro, no son oficiales. Eso quiere decir que los autores no tienen una relación directa con Roblox Corporation.

FUENTES OFICIALES

Esta es una lista de las fuentes oficiales a las que puedes recurrir si quieres más ayuda o información sobre cómo jugar y construir en Roblox. Todas pertenecen a Roblox Corporation, la empresa que ha creado el juego.

El blog de Roblox

En la página web de Roblox está el blog de Roblox. Cada dos o tres días, cuelgan un post nuevo, así que conviene entrar bastante. Los desarrolladores de Roblox cuelgan aquí los avisos, concursos, novedades y los torneos de los juegos. Aunque lleves años jugando a Roblox, deberías entrar de vez en cuando al blog para ver si se te ha pasado alguna novedad. La dirección del blog es https://blog.roblox.com.

Redes sociales

Los creadores de Roblox también tienen cuentas en redes sociales como Twitter, Facebook e Instagram y las tienen al día. Son las cuentas oficiales y tienen centenares de miles de seguidores. Las cuentas de Twitter y de Facebook se usan sobre todo para colgar links a los artículos del blog que ya hemos mencionado. En la cuenta de Instagram, cuelgan imágenes y capturas de pantalla de muchos de los juegos más populares de Roblox. Los menores deben preguntarles a sus padres o tutores si les parece bien que accedan a estas cuentas.

El canal de YouTube de Roblox

Cuando hayas terminado el libro, te recomendamos encarecidamente que visites el canal oficial que tiene Roblox en YouTube. Tiene muchísimos vídeos útiles en los que aparece lo mejor del juego. Una de las cosas que más me gusta a mí del canal es la lista de reproducción de la universidad de Roblox (ROBLOX University). Tiene una cantidad enorme de tutoriales que explican cómo se hacen determinados tipos de juegos. Los menores deberían preguntarles a sus padres o tutores si les parece bien que vean estos vídeos.

Roblox Wiki

El grupo Roblox Wiki es una de las fuentes de información sobre Roblox más completa que encontrarás en internet. En estas páginas, se explica todo, desde qué es el juego hasta cómo construir objetos o escribir scripts. Cuando hayas acabado este libro, es buena idea echarle un vistazo a la información de Roblox Wiki para seguir aprendiendo: http://wiki.roblox.com.

Ahora viene una lista de sitios no oficiales en los que puedes conseguir información sobre Roblox. Como el juego es tan complejo y cambia constantemente, los usuarios más inteligentes y apasionados se prestan a crear vídeos con instrucciones, tutoriales y otro tipo de información sobre cómo utilizar Roblox y Roblox Studio. No obstante, ten en cuenta que yo —y probablemente Roblox Corporation tampoco— no siempre encuentro adecuadas las demás fuentes no oficiales que puedes encontrar en internet.

Tutoriales de YouTube

Si accedes a YouTube y buscas algo relacionado con Roblox, es probable que obtengas miles de resultados. Cada mes utilizan este juego millones de personas, así que mucha gente graba vídeos sobre el tema para YouTube. Por eso, si quieres más detalles sobre cómo escribir scripts para Roblox o sobre cómo hacer un tipo de juego concreto, aquí los encontrarás. No olvides que la información no parte de Roblox Corporation a no ser que esté directamente en la cuenta oficial de Roblox. Los niños tienen que pedirles permiso a sus padres o tutores antes de buscar vídeos en YouTube.

Foros de los usuarios de Roblox

El foro de Roblox está en los servidores de la empresa Roblox Corporation, pero eso no significa que todo el contenido sea obra suya. Roblox Corporation selecciona a algunos usuarios y los nombra moderadores, que son las voces oficiales de la empresa en la comunidad, pero ni siquiera ellos son desarrolladores del juego.

En todo momento, hay miles de conversaciones simultáneas en el foro de Roblox, pero la información que allí se ofrece no siempre es exacta. Dicho esto, ¡lo cierto es que aquí también hay muchos tutoriales, guías y otros recursos muy útiles! Puedes unirte a la conversación en el foro de Roblox: https://forum.roblox.com/.

Otros libros

A pesar de que he investigado muchísimo para escribir este libro y he incluido muchísima información, no formo parte de la empresa Roblox Corporation. Lee otros libros para ver la información desde el punto de vista de otros autores.

Otras fuentes de internet

Puedes encontrar todavía más información sobre Roblox en Google. Los niños tienen que pedirles permiso a sus padres o tutores antes de buscar en internet.

ÍNDICE ALFABÉTICO

EL AUTOR

David Jagneaux es periodista especializado en videojuegos, escritor y aficionado a los juegos de toda la vida. Ha escrito sobre tecnología y videojuegos para muchos de los portales y publicaciones más destacados del sector, como *IGN, Polygon, VICE, Motherboard* y *GamesMaster* entre otros. A lo largo de los años, ha participado como periodista y como conferenciante en varias convenciones y conferencias sobre videojuegos como la Electronic Entertainment Expo (E3), la Game Developers Conference (GDC) y GamesBeat. Considera que los videojuegos son el medio de creación, expresión y difusión de historias más valioso y prometedor del que disponemos. En la actualidad, David reside en el norte de California con su mujer, con su hijo y con su corgi galés de Pembroke. Si quieres saber más detalles sobre él o sobre su trabajo, puedes visitar su página web DavidJagneaux.com y seguirlo en Twitter en @David_Jagneaux.